モヤモヤ業務がスッキリする

小さなお店のDX導入&お店創りストーリー

宮本 ヒロシ 著

同友館

はじめに

読者の皆様、この本を手にとっていただきありがとうございます。飲食店経営者や関係者の方々が抱えるさまざまな課題に焦点を当て、本書を通じてデジタルトランスフォーメーション（ＤＸ）がどれほど重要であるかをお伝えすることができたなら、筆者としては大変嬉しく思います。

飲食業界は日々の営業においてさまざまな困難に立ち向かう場面が多く、その中でデジタル技術の活用は新たな可能性を切り拓く手段となります。

本書では〝攻めのＤＸ〟と〝守りのＤＸ〟に焦点を当て、利益追求から効率化まで幅広い領域にわたる提案をしています。また、小規模店舗こそＤＸのメリットを享受できるという視点も紹介しています。オーナー自身が率先してＤＸを進めることで、組織全体の変革を促進できることでしょう。

本書で紹介する具体的なツールは、1人オーナーでもスタートでき、無料で始める事が出来るものばかりです。

何十万、何百万も費用をかける事はありません。達成したい目的を明確にして、それらをデジタル技術によって叶えていく。

今や無数に存在しているデジタルサービスを使えば、飲食店で抱える悩みの多くは解決出来ると言っても過言ではありません。

例えば、忙しい時間帯であろうと、アレクサに話しかけるだけで、混雑状況をツイートする事もできる。発注する時間が煩わしい。そんな時はストック食材の重さが指定値になったら新しい物を自動で業者に発注をする事など、10年前では想像が出来なかったことが、アイディア次第で実現が可能なのです。

この本では、始めやすく、費用の掛からないサービスをメインにご紹介していますので、是非あなたの飲食店でも事例をヒントにしながらチャレンジをしてみて下さい。

飲食店のＤＸはアジャイル方式で進行するのがおすすめです。

アジャイル方式とは、簡潔に言うと〝やりながら調整を繰り返していく〟という事です。

よく飲食店のオーナーから相談される際に気になるのは、〝こうなったらどうしよう〟、〝こういう場合はどうなるのだろう〟と良くも悪くも想像を膨らませすぎる事です。

そうすると、たいていの場合、導入前に考えすぎて2か月も3か月も経過してしまい、結局うやむやになってしまう、というパターンに陥ります。

リスク管理はしなければなりませんが、「始めてみる・挑戦する」ということはもっと重要です。

3か月間トライアルでやってみる。トライ&エラーを繰り返していく。すると見えなかったものが見えてくる事も多々あるものです。

ですので、まずは自身の店舗で部分的に取り入れてトライしてみてください。

本書の出版にあたり、さいたま市産業創造財団にてＤＸコーディネーターとしての支援事例を快く承諾くださった同財団の丸山修司さん、井上学さんには深く御礼申し上げます。

引き続きさいたま市の飲食店ＤＸ化が進行するように力を尽くします。

この本が少しでも皆様のお役に立てれば幸いです。
飲食業界がますます進化し、豊かな未来を築く一助となれば嬉しいです。
そして読者の方が飲食店経営のＤＸ化において新たな一歩を踏み出していただければ幸いです。

宮本ヒロシ

目次

第1章

飲食店のこんなところでDX

忙しすぎて、注文の電話に出られない

種類豊富なおにぎりが自慢。味で勝負の弁当屋

佐々木さん（仮名）との打ち合わせは、毎回お店が閉店した後の20時くらいから始まります。

少し前に1坪店舗といって、畳2枚程度の広さしかないスペースを活用したお店が注目されたことがありました。面積が狭いので当然ですが賃料が安く、工夫次第で特徴のあるお店作りができて話題にもなります。佐々木さんの弁当屋も1坪とまではいきませんがかなり小ぶりで、テイクアウトのみです。

特に人気なのが注文を受けてからにぎるおにぎりで、梅、昆布、鮭とさまざまな具材が揃っており、地方紙で紹介されたためファンが一気に増えました。駅前のロータリーに面していることから、出勤前のビジネスマンも多数立ち寄りますし、近くには大学があるので、体育会系サークルから大量注文が入ることもあります。

「すみませんね、毎回遅くから。これ、良かったらご家族で食べてください」

そう言って佐々木さんはパックに山盛り詰め込みすぎて、輪ゴムでは押さえきれなくなっている唐揚げをビニール袋に入れて手渡してくれました。

ほんのり温かくて、食欲をそそる香りが立ち上ってくるビニール袋を受け取って、私はお礼を言いました。

「ありがとうございます」

佐々木さんのつくる唐揚げは、デパ地下で販売されている有名惣菜店の唐揚げにも負けないほどおいしいのです。お弁当の売れ筋上位3位以内にも、唐揚げ弁当は必ず入るというのも納得。私の家族も大好物です。

佐々木さんは、決して愛想がないわけでないのですが、口数が少なく、職人気質な感じがする人です。

以前は関西の有名な日本料理店で働いていたそうで、副料理長にまで上り詰めたのに地元に戻ってきたのは、お母さんが体調を崩したことがきっかけだったとか。残念なことにお母さんは、佐々木さんが戻ってきてからすぐにお亡くなりになりましたが、そこから一念発起して佐々木さんは弁当屋を開きました。そんな佐々木さんですから弁当の味は折り紙付きです。

その一方で、自分から積極的にお店のプロモーションをかけたり、広報活動をするのは苦手でした。共通の知り合いから、取材依頼が来て困っている佐々木さんの相談に乗ってもらえないかと言われて、最初はごく簡単なアドバイスをしました。そのやり取りで信頼していただけたのか、商品開発の相談など徐々に受けるようになったのです。

注文の電話にいちいち答えていられない

「佐々木さん、この間もタウン誌に紹介されていましたね。見ましたよ」

「いや〜、どうしても紹介したいと言われて断れなかったんです」

「でも最近は写真撮影にも笑顔で対応できるようになって、ずいぶん慣れたんじゃないですか」

「そうですね。最初はめちゃくちゃ緊張しちゃって険しい顔をしてたから」

まさに順調そうにみえますが、どうも佐々木さんの顔がさえません。

「それで今日はどんなご相談ですか」

そう聞くと、佐々木さんはポツポツと話し始めました。

メディアにも登場するようになり、最近さらにお客様が増えました。お昼時など忙しい時間帯だけ接客担当のアルバイトさんに来てもらっているのですが、ひっきりなしにお客様が来店されて対応に追われているため、注文の電話に出られない時があるそうです。佐々木さんは調理全般で手が離せません。特におにぎりの注文に対応している時などは、一度手を洗ってから電話を取らないといけないので、そうこうしているうちに電話が切れてしまうことも多いと話します。

「米にぎっている時なんか、電話に出たくても出られないから」

「そりゃ無理ですよね」

「揚げ物だって、ここだっていうタイミングを逃したくないんです」

「絶妙な揚げ加減というんですか？　味を左右しますよね」

「でもそういうことが重なると、やっぱり書き込まれるんですね。グルメサイトでいつ電話しても出ないとか、アンチコメントっていうんですか？」

そう言って佐々木さんはしょんぼりした顔をしました。

「たった1回電話にでなかっただけでも、お客様にとっては電話に出ない店になるんで難しいですよ」

「宮本さんに相談してバリエーションを増やしたので、おにぎりは常時30種類用意してい

からあげ
ハンバーグ
やきにく
のり弁
おにぎり

るでしょ。珍しい具材があるってことで人気なんでやめたくないんですけど、電話でオーダーを受けていると聞き間違うこともあって」

「確かにあり得ます」

「いろいろ試したいというお客様の気持ちもわかるんだけど、例えばおにぎり10個注文いただいて、全部具材が違うとかあるんです」

「私だっていろいろ食べたい。佐々木さんところのおにぎりは、どれもおいしいですからね」

「もちろん、自信のあるものしか出していないです」

「ということは、注文を電話以外のもので取れたらいいんじゃないですか」

そう言うと、佐々木さんはきょとんとした顔を見せました。

Instagramを窓口に

「電話でないとすると、ホームページとかですか？　僕はデジタル全般苦手なので、それだと自信ないな」

「ホームページではなく、Instagramを使えばいいと思います」

「え！　Instagram」

「そうです」

「でも Instagram って、映える写真をアップするものでしょ」

「佐々木さんのおにぎりだって十分映えますよ」

「だからって Instagram で注文ってどういうことですか」

「そもそもですが年配の方はともかく、若い世代を中心に電話を利用しない人が増えていますよね。だから電話以外の注文方法は押さえておいたほうがいいと思います」

「Instagram で注文って、イメージできないな」

とたんに弱気になる佐々木さんです。

「お弁当は数日先などの予約もあるけれど、今から、もしくはせいぜい2～3時間以内に食べたいという場合が多いですよね」

「お昼前とか、まとめて注文入ります」

「その問い合わせを Instagram で受けるんです」

「はあ……」

「佐々木さんもプライベートでは LINE を使っていますよね」

「はい」

「LINE のような感覚で、Instagram に届いたメッセージに返信していくんです」

今から注文できますか、どの程度時間がかかりますかといった確認にも使えます。メッセージは文字で書かれているので、佐々木さんが困っていた大量おにぎり注文の聞き間違いということも未然に防げるのです。

「Instagram ってそんな使い方ができるんですね。知らなかった」

佐々木さんは腕を組んで、感心しきったようにうんうんと唸っています。

「確かにメッセージだったら、おにぎりを握った後にさっと返すことができますよね。電話に出ないってアンチコメントも減るかも」

Instagram はホームページ代わりにも使える

「そもそもですが、佐々木さんは Instagram のアカウントを持っていますか？」

「いや、持っていないです」

「そうですか。アカウントを作成する方法はとても簡単ですから、後でお伝えしますけれども、やはりデジタル系全般苦手ですか」

「やればできるのかもしれませんが、あまり興味がないし、もっと言えばやっている時間がないですね」

これはひとり経営のあるあるでしょう。アルバイトさんは忙しい時間帯だけで、後は全部佐々木さんひとりでこなしています。

営業が終わったからといって仕事は終わりではありません。次の日の仕込みもありますし、経理もしなければいけません。全部の仕事が終わる頃には、日付が回っていることもあるような日々を過ごしている佐々木さんに、ＳＮＳ関連の更新を積極的にしましょうというのも酷な話かもしれません。

「そういえば、こちらのお店はホームページもありませんよね」

「Instagram だってハードルが高いのに、ホームページなんてとんでもないですよ」

「そうですよね」

「店が駅前だから、駅を利用するお客様から徐々に増えていったから、広告を出すとかもほとんどやっていないんです。オープン前にチラシをポスティングしたくらいかな」

「それでこれだけお客様が増えているんですから、すごいですね」

「まあありがたいですけど」

「だとするなら、Instagramをホームページ代わりに使えばいいですよ」

「Instagramがホームページ？　それもよくわからない話だな〜」

そう言って佐々木さんは、おもしろそうに笑いました。

「せっかく作ったホームページでも、更新し続けなければ意味がありません。それなら最初から無理してホームページをつくる必要はないです」

「そんなもんですかね」

半信半疑の佐々木さんですが、Instagramに少し興味をもってもらえたような感じが伝わってきます。

「それに、佐々木さんのおにぎり、本当に映えるんですよね」

「写真を載せるってこと？」

「見るからにおいしそうでしょ。写真で見たら、みなさん食べたいって思うはずです」

「それは嬉しいけれど」

モゴモゴしている佐々木さんですが、やはりそこは根っからの料理人です。もともとは注文の電話に対応できないというところから話がスタートしているのに、おいしいものをより多くの人に届けたいという気持ちが、佐々木さんを前向きにさせたようです。

「じゃあまずは、おにぎりの写真が必要ですね」

「おいしく撮りましょう！」

「よし、今から握ってもいい？」

「佐々木さん、今日はもう遅いですから！　後日改めて撮影しましょう」

そうと決まればすぐに動きたくなる佐々木さんをなだめた私は、家族も大好きな佐々木さんの唐揚げを手に、夜の道を急ぎました。

広報担当も営業担当もいない、ひとり経営の悩み

ここにしかない、とっておきのサンドイッチ

渡辺さん（仮名）は、イートインスペースも併設されているサンドイッチ専門店を営んでいます。すでに中学生の孫もいるという話ですから、間違いなく私よりも年上でいらっしゃるけれど、年齢を感じさせない方です。

もともと飲食店をやろうなんて思ったことすらなかったという渡辺さんですが、とにかく料理上手で、ご家族のすすめがあって店を出すことにしたそうです。ご主人は外資系企業にお勤めだったので、イギリスをはじめとするヨーロッパの国々に赴任していた経験があるそうで、渡辺さんは赴任先で料理教室に通っては、各地の料理を覚えたといいます。

ぜいたくな話に聞こえますが、知り合いすらいない海外で言語を覚えたり、友達をつくるきっかけにしたくて通っていたので、渡辺さんにとって料理を覚えることは二の次だったそうです。しかしそれが渡辺さんの料理の腕を伸ばすきっかけになりました。

確かに渡辺さんのつくるものは、料理人として修業経験のない人とは思えないほどおい

しいのです。食べた瞬間、思わずうなってしまうほどです。

「宮本さんにそう言っていただけるだけで、私も自信がつきます」

上品な笑顔を見せる渡辺さんがつくるサンドイッチは、定番のタマゴやハムをはさんだもの以外に、季節ごとのオリジナルが登場します。

おしゃれです。センスがいいので間違いなくインスタ映えします。サンドイッチのパンには何かがぬってありますが、そのぬってある何かが渡辺さんオリジナルだそうです。バター、いやマヨネーズ、ピリッとマスタードのような味もする。具材を引き立てる何か。おしいけれど何を混ぜているのか私にはわかりません。

「教えませんわ。企業秘密ですから」

そう言って渡辺さんは上品に笑います。肩紐の部分にフリルがついた愛らしいエプロン姿で、渡辺さんはおいしいサンドイッチを作り続けています。

そもそも渡辺さんは飲食店を開きたいと思ったことは一度もなかったそうです。

しかし、以前はよく遊びに来てくれたお孫さんたちも、大きくなって友達と遊んだり、塾などに忙しくなってしまい、なかなか遊びに来てくれなくなりました。お孫さんが泊まりにきた時などは得意の料理を振る舞って、「ばあば、おいしい！」と言われることが楽しみだった渡辺さんは、途端に張り合いがなくなってしまったようで、ひまを持て余すようになりました。

しょんぼりしている渡辺さんを見かねたご主人と娘さんが、飲食店でもやったらどうかとすすめたそうです。とても大胆なアドバイスだとは思いますが、渡辺さんの心に火がつきました。飲食店の経営がどれほど大変なことなのかを考えなかったのかとツッコミたくなる人もいるかもしれませんが、料理が好きだからこそ、誰かに食べてほしいという気持ちが勝ったのでしょう。

そしてご主人と赴任していたイギリスで食べたサンドイッチを思い出したそうです。イギリスの何とか（忘れました！）というローカルな紅茶を取り寄せていた渡辺さんは、サンドイッチと紅茶の店にしようと思いつきました。マフィンやクッキーなども焼いて出して、自分の作ったものを食べてくれる人が増えたら嬉しいわ～くらいの気持ちで、渡辺さんは店を始めたのです。

グルメサイトに心ないコメントが増えた

「今日は宮本さんに相談したいことがあってお呼びしたんです」

サンドイッチ店を開店した渡辺さんは、多くの人に自分のサンドイッチを食べてもらいたいという気持ちがふくらんできたようで、経営のことにも興味を持ち始めました。自治体が主催していた起業セミナーに参加しました。そこで講師として話をしていた私と出会い、そこからいろいろと相談に乗るような関係になりました。

「なんでしょうか」

「ほら、うちのお店は私一人で営業しているでしょ」

「従業員の採用ですか？」

「いや、これからも従業員を採用する気はないんです。別にお店を大きくしたいわけでもないですから。ですけど、お客様にはもっと来てほしいとは思うんです。もっと私のサンドイッチを食べてほしいから」

「渡辺さんのサンドイッチは一度食べたらまた食べたくなりますよね」

「そう言っていただけるのが一番嬉しいわ」

「本心です！」

「ただね、宮本さん。最近うちのグルメサイトの投稿ご覧になった？」

「最近ですか、見ていないですけど何かありましたか」

「投稿が増えたのはいいんだけど、ちょっと気になってしまって」

渡辺さんに言われて私はスマートフォンでグルメサイトを確認しました。

確かに投稿の数が増えています。しかし星の数が少ない投稿や、心ないコメントがちらほら見受けられました。

誰もが書き込めるグルメサイトのコメント欄ですから、全ての飲食店の経営者が、ガッカリしたり、嫌な気持ちになったりしているのではないでしょうか。食には好みがあるから、全員においしいと思ってもらうのは難しいことですが、「二度と行かない」と書き込んでいる人に限って、入店から退店までに起きたことを事細かに書き込んでいます。「おいしかった！」というコメントを残している人ほど、コメントはあっさりしているから不思議です。

正確な情報を発信する場がほしい

「コメントを読んでいて、私思ったの」

「どう思ったのですか」

「もちろんおいしく食べていただいた方もいらっしゃるんだけど、これはちゃんとサンドイッチを味わっていないなって方のコメントがあるんですよ」

「もちろんサンドイッチは食べていますよね」

「う〜ん、そうなんですけど、私のサンドイッチを食べたのにこんな感想になるかなって思っちゃって。それよりもサンドイッチが、あの〝映え〟っていうやつですよね。映えるサンドイッチって、そっちじゃないでしょって思うコメントばかりなんです」

「まあ確かに渡辺さんのサンドイッチは映えますよね」

渡辺さんは、どうにも納得のいっていない様子です。

「私はね、みなさんにイギリスの感じも味わっていただきたいから、食器類もイギリスのお友達に選んでいただいたものを取り寄せたでしょ。もちろん大好きな食器たちではあるけれど、お皿がきれいとかなんとかって……。まずはサンドイッチの味じゃないかしら」

「まあそうですね」

「これじゃあ、うちのサンドイッチ店の良さなんか全然伝わらないじゃない」

「そうですね」

渡辺さんは興奮気味に話し続けます。

「コメント欄に書き込みをしている方は、グルメライターでも何でもないですからね」

「そうなのよね。でも私、とってもがっかりしています」

「そうですね。こちらのお店はホームページがないから、情報収集はSNSになっちゃうんですよね。そこから集客につながっているというのも否めないんですよね」

「私は一人で営業しているでしょ。だから営業活動もしているわけじゃないし、ホームページなんて超アナログ人間だから、無理なんですよね」

確かに渡辺さん一人で営業している以上、ホームページまで運用するというのは負担が大きいです。ホームページの運用方法を覚えることも、渡辺さんは苦労することになるでしょう。

「何よりも困っているのは、営業日のお知らせなんです」

「渡辺さんのお店は、週4日の営業ですよね」

「そうなんです。不定休でお休みすることもありますからね。それで営業日を確認せずに来られたお客様が、休みだったと書き込んでいらっしゃるのよね。でも、そもそもお休みの日に来られているんですよ」

「お客様はオープンしているとある意味思い込んで来られるから、閉まっているとダメージが大きいんですよね。こちらが悪くなくても」

映え？
最高!!!
お・い・し・い!!!
……
……

「そうなのよね。それでどうしたらお伝えできるかなって悩んでしまって、宮本さんにご相談した次第ですの」

一人でもちゃんと広報したい

「コメント欄で私のサンドイッチのことをあれやこれや、それは私ではどうにもならないことはわかっていますが、私もちゃんと広報したいです。おいしいってことと、お休みのことを伝えたいんですけれども、手伝ってくださる人がいないから」

「それならインフルエンサーにお願いしたらどうですか」

「インフルエンサー？　あのキラキラした方たちですよね」

「キラキラ？　全員がキラキラしているわけではないですが、トップクラスの人は確かに稼いでいますから、キラキラしているって思うのかな～」

「そんな方にお願いしたら、すごくお高いんじゃないかしら」

「確かに影響力の大きいインフルエンサーにお願いすると、タイアップ費用はとても高くなりますが、マイクロインフルエンサーなら大丈夫ですよ」

「マイクロって何ですか？」

マイクロインフルエンサーは、メガインフルエンサーほどのフォロワーはいませんが、例えばラーメンやスイーツなど何かしらのテーマに特化していて、そのテーマが好きな人に大きな影響力をもっています。

「テーマに特化している分、例えばパンに特化しているマイクロインフルエンサーにお願いすれば、サンドイッチの魅力を訴求してくれると思いますよ」

「そんな人がいらっしゃるなんて知らなかった……」

「そうですよね。でも渡辺さんはチェーン展開する気はないですし、まずはこの地域の人たちに食べていただけたらいいので、地域性のあるマイクロインフルエンサーにお願いできたら、かなり効果的だと思います」

「そうなのね」

「マイクロインフルエンサーも知名度を上げたいと思っている人が多いので、協力的な人が多いですよ。費用も高くないです」

「素敵だわ。すぐにでも私のお店に来てくださらないかしら」

Instagram に広報活動してもらう

私が以前タイアップをお願いしたインフルエンサーの Instagram を、参考までに渡辺さんにお見せしました。

「素敵なお写真じゃない？」

「ね、素敵ですよね」

「私ではこんなふうに写真撮れないですからね」

「写真がきれいでシズル感があるって、本当に効果的ですよね」

「それよりも宮本さん、コメントが素晴らしいわ」

「渡辺さんのこだわりのポイントもインフルエンサーに伝えたら、ちゃんと情報発信してくれますよ」

「こだわりなら、いくらでも話せますわ」

「おいしそうだと思ってもらえないと来店してもらえませんから、コメントも大事、写真も大事、両方大事なんです」

「そうよね」

「あ、そうだ。このパンに塗ってある、渡辺さんこだわりのバターみたいなやつ。これも何が入っているのか皆さん気になると思うから、紹介したらいいですよ。皆さん、興味持たれると思うな」

「宮本さん！」

「はい」

「それは、企業秘密です」

「そうでした、そうでした。それなら実際食べてもらって、予想してもらいましょう」

「それがいいわ」

表記の不統一が、ネットの中で店を埋もれさせていく

こだわりの詰まったカフェ

半年ほど前に知り合ったのは、カフェを経営しているオーナー兼店長の金田さん（仮名）です。

店に入ってぱっと目に飛び込んでくるのは、6名が座れる一枚板のカウンター。重厚な感じが金田さんの知的な雰囲気に合っています。テーブル席が2つあり、暇な日は金田さんだけでも対応できますが、金曜日など混雑する日はアルバイトを1名雇っているそうです。

聞いてみると金田さんは、いつか必ず自分の店をもつと決めていたのだとか。金田さんは社会人になってから30年、おそらくみなさんも名前は知っている、でも宿泊するにはちょっとハードルが高い有名ホテルのフロントスタッフとして働いていました。コツコツと開店資金を貯めながら、どんな店にしようかと夢を膨らませ続け、満を持してこの店をオープンしました。

そんな金田さんだからこそ、自分の店には強いこだわりがありました。まず店のコンセプトは、金田さんが惚れ込んだ選りすぐりのコーヒーを味わえる夜のカフェです。「夜のカフェって？」と思われるかもしれませんが、要は夕方に開店して明け方に閉店するというスタイルで、仕事に疲れた大人たちに1日の疲れをリフレッシュしてもらうというのがコンセプト。コーヒーはもちろんですがビールやワインなどのアルコール、そしておつまみ程度の軽食も揃っています。

金田さんは、「僕が務めていた高級ホテルのラウンジよりも敷居が低くて安価。毎日でも通える店にしたかった」と人の良さそうな笑顔で話し続けます。

集客できない、SNSが使えない

そんな金田さんの悩みは、オープンして1年ほど経ってから、徐々に売上が伸び悩むようになったことです。

オープン当初は知人も訪ねてきてくれて、賑やかな日が続きました。地域のお客さまも新しい店ということで珍しがって来てくれましたが、それも徐々に落ち着いてきました。金田さんは集客のためにSNSでの発信力を強化しなければいけないと考えたそうで、私に相談したいと言ってくれました。

「いや〜、僕はアナログ人間なんで、ＳＮＳとか得意じゃないんです」

「じゃあＳＮＳは一切やっていないんですか？」

「いいえ、Facebook も Instagram もアカウントは持っています。でも全然更新できていません」

「お店の情報は発信したいと思われているんですよね」

「もっとお客様に来てほしいですから。でもどうもダメでね」

そう言って金田さんは白髪まじりの髪をくしゃくしゃとかいてみせました。

「だって宮本さん、ＳＮＳの情報発信は、僕みたいにお店をやっている人間からすると、絶対なんでしょ」

「もちろんやったほうがいいですよ」

「そうだよね！　だけど僕には無理」

「アルバイトさんは学生さんですよね。お手伝いしてもらえないですか」

「う〜ん、勤務時間中は接客で手一杯だから、そういう時間も取れないというか」

「金田さんがやるしかない？」

「結局そうなるんだけど、パソコンが苦手だから」

「それは困りましたね」

「だから、宮本さんに相談しようと思って」

こだわりすぎて、店名が読めない

「ところで、失礼を承知でお聞きしますが、店の名前は何と読めばいいんですか？」

「宮本さん、それそれ。お客様の大半は正確に読めなくて、僕も困っているんです」

「はぁ……」


金田さんがこだわったのは店のコンセプトだけではありませんでした。店名にもこだわった結果、正確に読んでもらえないという事態が発生しました。私も初見で読めませんでした。そんな読みにくい金田さんの店は「ラウンジ生出」といいます。

洒落たデザインの看板には「Lounge 生出」とこれまたデザイン性の高い書体で美しく書かれています。金田さんのこだわり、強い思いが看板を見るだけでも伝わってきますが、「この読み方で合っている？」と少し不安にさせるような店名でもあります。

読者のみなさんは読めますか？

Lounge
生出
OIDE
Lounge
いきいず
ラウンジ
しょうで
??

せいしゅつ？　いきいず？　しょうで？

正解は「おいで」です。金田さんの故郷に生出という地名があったそうで、これは店名に使えるぞと金田さんはかなり前から決めていたそうです。確かにお客様に「おいでください！」と言っているような感じがします。

お客様が来店された後に、店名の由来を聞かれたら、「みなさんに来ていただきたい。気軽においでって感じにしたかったので」という定番トークも、金田さんは考えていたんじゃないかなと私は心の中で思いました。店や商品、サービスのストーリーを知ることは、店への愛着にもつながります。

親切心が逆効果

店名や商品名は、話題づくりのひとつになります。読み方に特徴があったり、ひねりがきいていたり、思わず声に出して読みたくなったり……。ネーミングに成功したら、かなりのインパクトが生まれます。

だから「Lounge 生出」という、読みにくい店名が悪いわけではありません。金田さんのこだわりも、狙いも分かります。ただ店のことをみなさんに知ってもらうために、避けたほうがいいことを金田さんはやってしまいました。

それは、店名の表記を統一しなかったことです。

「最初は生出の漢字表記をやめたんです。読み方が分かりにくいのは、店名として致命的だと思って」

「それでどうしたんですか」

「まずは生出を、ひらがなにしてみたんです。でもそれも何となくしっくりこなくて、カタカナにしてみました。でも生出をカタカナにしたら、今度は Lounge とのバランスが良くないと思って、Lounge もラウンジとカタカナにしたり……」

このパターン、実はよく見かけます。

例えば店名の正式名称は英語表記なのに、読みにくいという理由で、ＳＮＳやフライヤー、タウン誌などで情報を発信する時にカタカナ表記と、表記をごちゃごちゃにしてしまうのです。

しかしこの親切心が逆効果になります。

「金田さん、ＳＮＳが苦手なら、そんなに必至になって運用しなくてもいいですよ」

「え！　僕はてっきり宮本さんに叱られると思っていたのに」

「そんな叱ったりしませんよ。ですが金田さんは、絶対にやってはいけないことをしています」

「え〜、どういうこと？」

表記を統一しなければ、上位表示されない

みなさんが友達や家族と食事をする際、お店をどうやって探しますか。レストラン以外でも、例えば近くのクリーニング店やスーパー、病院に図書館と、どこかに行きたいときに多くの人がマップを利用していると思います。

あらかじめ目的の店が決まっていれば、店名でダイレクトにネット検索をかけますが、特に目的の店が決まっていない場合は、現在地から近くて、良さそうなお店がないかな〜という感じでマップを見るはずです。つまりGoogle Mapです。特に最近は、Google Mapからの集客がとても増えています。

ただこれはGoogleという検索エンジンの特性ですが、情報の不一致があると検索の上位に上げてくれなくなります。つまりネット上に「Lounge 生出」と「ラウンジ　オイデ」と「ラウンジ生出」とが混在していると、情報の正確性が疑われて、この店は怪しい

ぞとGoogleに疑われてしまうので、上位に表示されなくなるのです。

「つまり、僕がお客様に店名を覚えてほしくてやったことが、逆効果になっているってこと？」

「そうなんです。それも一度Googleに認識されてしまうと、情報の不一致がかなり長く影響を与え続けるので、最初が肝心なんです」

「グッ、グーグルにも、うちの店の読み方、教えないといけないのか〜」

「そうです。統一されていないのは、店名の表記だけですか？」

「えっと……」

するとと金子さんの顔が徐々に曇っていきました。

「宮本さん、もしかしたら営業時間も違っているかも」

「営業時間や定休日も統一すべきですね」

「実はさ、コロナ禍で夜遅い時間にお客様が全然来なくなったから、時間短縮していたんだけど、最近になって営業時間を戻したんですよ」

これもあるあるです。

特に個人店の場合、急用で休むことになったら「本日は臨時休業させていただきます」

なんて書いた張り紙を表にして告知終了ということも少なくありません。Google で検索したお客様が、臨時休業した日に限ってやって来る。するとお客様は「臨時休業なんか聞いてない！」と店に対して印象を悪くします。

現段階では、Google Map 上に正確な情報を掲載しておけば、ストレスになるＳＮＳの更新や、もしかしたら店の公式サイトすら必要ないというくらい、Google Map の重要性が高まっています。

「でもさ、Google Map だけで、そんなにお客様が見てくれるのかね」

「金田さん、まずは Google Map。Google Map でブレのない正確な情報を表示することから始めましょう。効果を疑うのはその後です」

金田さんの店のように従業員数が少なくて、ＳＮＳでの情報発信に時間や労力を避けずに悩んでいる店主は無数にいます。しかしＳＮＳが必要ということは自覚していて、挑戦はしてみるけれど、アカウントを作成しただけで放置といったパターンに陥りがちです。

そんな店こそ、まずは Google Map の正しい活用をお願いしています。私のアドバイスをもとに、Google 上の情報を正確に修正した金田さんの店には「ネットで検索して、近くにこんな店があったことを知った」というお客様が徐々に増えてきたそうです。

「宮本さん、やっぱGoogleだね」

そう言って金田さんは、私の前にこだわりの一杯を差し出してくれました。

来店後のフォローまで手が回らない。常連さんがなかなか増えない

歴史あるカフェ、いや喫茶店

どこの街にも古くから営んでいるカフェ、いや喫茶店がありますよね。

おしゃれなカフェとはちょっと違う、全体的に茶色い雰囲気で素朴な佇まい。その感じが何とも愛らしい喫茶店。レトロブームなんて言われる昨今においては、まさに若い人たちが映え写真を撮るために訪れるような喫茶店。茶色い店内でポップな色のクリームソーダ……完璧に映えですね。

私の暮らす街にもあります。駅前が整備されて小ぶりですが商業施設ができ、バスやタクシーがとめやすいロータリーも整いましたが、その喫茶店だけが昭和のまま。申し訳ないですと言い出しそうにロータリーの脇で営業を続けている喫茶店が今日の訪問先です。

木製の少し重みがあるドアを開けると、静かにクラシックが流れています。低めの椅子にどっと腰をおろしたお客様たちが思い思いの時間を過ごしています。

「洋子さんはいらっしゃいますか」

レジのところに立っていた、おそらく大学生だろうなというアルバイトさんに洋子さん(仮名)がいるかどうか確認します。

「洋子さんですか。今奥に入っているので呼んできますね」

そう言って、アルバイトさんは店の奥に入っていきました。私はぐるっと店内を見渡しました。昔から知っている場所に来たかのようで、ほっと落ち着きます。

「宮本さん、こんにちは。今日は寒いね」

店の奥から出てきた洋子さんは、肩をすくめるようなしぐさをしました。

「はい。ついこの間まで暑いなと思っていたのに」

「ほんと、ほんと」

洋子さんと一緒に窓際の席に座りました。コーヒーでいいよねと言って、洋子さんはアルバイトさんにコーヒーを2つ頼みました。

「宮本さん、最近どうなの？」

「仕事ですか。おかげさまでいろいろとご依頼いただいています」

「そうなの。それは良かった」

洋子さんは軽く笑顔を見せました。どちらかというとコンサルタントの私が、洋子さんをはじめとする飲食店のオーナーさんの仕事が順調に進むようにお手伝いする側なのですが、洋子さんは会うたびに私の仕事のことや近況を聞いてくださるのです。

喫茶店を訪れるお客様の話も洋子さんは聞きます。愚痴だったり、恋愛相談だったり、仕事のことだったりと、話の内容はいろいろみたいですが、みなさんきっと洋子さんに相談すると安心するのでしょう。そんなお姉さんというか、お母さんのようなあったかさが洋子さんにはあります。

この喫茶店は洋子さんのお父様が創業しました。お父様が体調を崩された時に閉店することも考えたようですが、古くから通ってきてくれているお客様のために、洋子さんは店を継ぐ決意をしました。それまで洋子さんは一般企業にお勤めだったので、本当に人生が180度変わったと思います。

レトロブームでお客様が増えた

「宮本さんにちょっと聞いてみたいんだけど」

「なんでしょう」

「いやね、ここしばらくレトロブームというか喫茶店ブームが静かに続いているでしょ」

「そうですね」

「それでうちみたいな特別変わった特徴もない喫茶店を訪ねてくるお客様が増えたのね」

「それはいいことですね」

「もちろんいいことなんだけど、あの若い人たちの情報収集ってすごいよね」

「みなさんSNSでチェックしていますから」

「喫茶店マニアみたいな子たちが、週末なんかけっこう来るの」

「喫茶店マニアの子たちにしたら、ここの喫茶店はたまらないでしょうね」

「そうなの？　私なんて子どもの頃からここにいるから、珍しくもなんともないんだけどね」

「灯台下暗しじゃないですか」

「そうなのかな。でも古くから来てくださっている地域の常連さんとは明らかに雰囲気が違うから、すぐわかるのよ。喫茶店マニアの子たちは」

「まあ、違いますよね」

そう言って私はあたたかいコーヒーをすすりました。ちょっと酸味の強いコーヒーが心を和ませます。

「うちは建物も古いから、窓がステンドグラスでしょ。どうもこれがいいみたいなの」

「なるほど～」

洋子さんは喫茶店マニアの子たちが、どこにキュンキュンしてるのかをこと細かく私に教えてくれました。洋子さんの話を聞きながら、洋子さんは本当に人をよく観察しているなと感心しました。でも人をよく観察して、気配りができて、人の話をしっかり聞く。これは愛される店主の条件じゃないかなと思います。

「でもね、1回来たら2回目はないというか……」

「はあ」

「どうも1回来たら満足しているみたいで、常連さんになってもらえていないの」

「……」

「私はね、宮本さん。喫茶店マニアの子たちにも常連さんになってほしいの」

「もちろん常連さんになってほしいですよね」

「古いお客様も大事なんだけどね、どちらかというと平均年齢が高いでしょ。私は若い人にこそ常連さんになってもらって、末永く通い続けてほしいのよ」

「そうすれば、お店も長く続いていきますからね」

「そうなの。実はね、息子が店を継いでもいいって言いだしてね」

「あれ？　息子さんは確か自動車メーカーにお勤めでしたよね」

「そうなんだけど、なんか早期退職を考えているんですって」

「へ〜」

「最初は息子も全然、喫茶店を継ぐなんて言わなかったんだけど、いろいろと思うことがあるみたいね。私も自分が子どもの頃から慣れ親しんだ喫茶店がなくなるのは寂しいと思って仕事やめたから、何となく息子の気持ちもわかるなって」

「息子さんも、喫茶店がなくなるのは嫌だと思われたのかもしれませんね」

「そうだと嬉しいんだけどね。まあ息子が継ぐかどうかはさておき、常連さんを増やして継いでもいいと思える喫茶店にはしておきたいのよね」

素敵な話です。私も全力でお手伝いせねばと思いました。

来店したくなる、そのためにできること

「洋子さん、常連さんの条件って何だと思いますか」

寒くなってきましたね…
ピコン
雨の日は10%引きです
ピコン
モンブランはじめます!!
あの子は喫茶店マニア…

「それはシンプルに何度も来店してくれるってことじゃない？」

「そうですよね」

「定期的に来店する人じゃないと常連さんとは言えないわよね」

「そうです。つまりお客様の来店頻度を上げたらいいんです」

「でもさ、どうやったら来店頻度って上がるのかしら。来店するかしないかって、お客様の勝手じゃない？」

「まあそうなんですけれど、来店したくなるきっかけを提供したらいいんです」

「え、どういうこと？」

私はスマートフォンをさっと出して、洋子さんに見せました。

「洋子さんはLINEを利用していますか」

「利用してるよ」

「LINEにも、友達同士でやり取りするLINEと、LINE公式アカウントっていうのがあることは知っていますか」

「お店でLINEを登録してくださいとか言われるやつかしら」

「そうです。言ってみればビジネス版です」

「なるほどね」

洋子さんも自身のスマートフォンを出してきて、LINE を立ち上げました。

「宮本さん、これ見て。私が利用している美容室でも LINE 登録お願いしますって言われて。あとフードデリバリーとか飲食店も登録しているよ」

「それです、それです」

「でも LINE の使い方は同じよね」

「同じではありますが、よく画面見てください」

「いろいろ情報とかクーポンとか送られてくるよね」

「そうです。それが LINE 公式アカウントの特徴です。洋子さんもクーポンとか送られてきたら、思わず使おうかなって思いますよね」

「思う。期限内に使いたいなって思っちゃう」

「ということは……」

「そうね。期限内にまたお店に行こうって思っちゃう」

「そうなんですよ！」

洋子さんは、口元に手をあてて何かに驚いたような顔をしました。

「私、完全にクーポンにのせられちゃっているよね！」

そういって洋子さんは、「あはは」と声を出して笑いました。

いつもお客様とコミュニケーション

「この駅前だけでも、喫茶店が数件ありますよね」

「喫茶店と呼んだほうがいいのはうちだけかもしれません。でもカフェはチェーン系も進出しているから、そこそこ件数はあると思う」

「仮に週に1回喫茶店を利用するとして、でも喫茶店やカフェは無数にありますよね」

「お客様はどれか選んで来店しますよね」

「そうなんです。だからその店が好きかどうかもあるけれど、忘れさせないことって大事なんですよね」

「いつも思い出してもらえる店にならないといけないってことね」

「はい。でも何もしなかったら思い出してもらえないですから、何かきっかけを与えるというか、来たくなる情報を投げ続けるというかね」

う〜んと考えるような感じで、洋子さんは天井を見上げます。

「宮本さん、これってつまり、LINEを使ってお客様とのコミュニケーションを増やすってことなのかな」

「そうですよ。お客様とのコミュニケーションは、洋子さんお得意じゃないですか」

「リアルしか経験ないからな〜。私にできるかしら」

「もちろん。私もお手伝いしますよ。私も大好きな喫茶店がなくなったら困りますから」

「よく言うわよ。じゃあ当店自慢のコーヒーゼリー、ごちそうしちゃう」

「うわ〜、嬉しいです！」

「おいしいわよ。父の味だから」

長年の勘に頼り切って、止まらない食材ロス

地元に愛されて70年以上の洋菓子店

都内のデパ地下で販売されているような、全国展開しているケーキ店のケーキもまったくもっておいしいですが、地元で古くから営まれているアットホームな洋菓子店のケーキもまたおいしいですよね。子どもの頃は必ずここのケーキで誕生日のお祝いをしていた、そんな洋菓子店こそ地元に愛され続ける名店といえるでしょう。

山本さん（仮名）の洋菓子店もそんな地元密着型で、戦後間もなくの創業ということで70年以上の歴史があります。

若い方はモンブランといえば茶色いものをイメージするかもしれませんが、山本さんのところは黄色いモンブラン。これが郷愁を誘うというのか、40代以上の人にとっては懐かしい感じがするんです。今人気のオシャレなケーキという感じではありませんが、素朴かつ王道。私自身も記念日などに何度も味わってきました。

山本さんから連絡をいただいたのは、地元の青年会に所属している私の友人から、

ちょっと相談に乗ってやってほしいと言われたからです。

山本さんといっても2代目である浩さんではなく、浩さんの息子の拓己さんです。拓己さんは、有名ホテルのパティシエとして数年間修業をし、ゆくゆくは実家を継ぐために最近になって戻ってきたとのこと。

浩さんに息子さんがいたことは知っていましたが、修業に出られていたので、拓己さんの顔を店頭で見かけたことはありませんでした。まだ30代前半で若さあふれる拓己さんですが、よく見るとどことなく浩さんの面影を感じます。

「すみません、父がいるとどうしても話しにくいので、駅前の喫茶店で待ち合わせでもいいですか」

申し訳なさそうに言って、拓己さんはチェーン系の喫茶店に入っていきました。両隣に人がいない席を取り、どかっと座り込みました。

親と子で意見の食い違いによるバトル勃発

何でもない雑談をしていると、注文していたコーヒーが到着。そのコーヒーをひとくちだけ飲んでから拓己さんは話し始めました。

「こんなこと、ほぼ初対面の宮本さんに話すのもどうかと思うんですが」

「何でも言ってください、口外しませんから」

「そうですか、それなら安心して話します。僕と親父のことなんですけど」

「はい」

「本当に全然話が合わなくて困っているんです」

「話が合わないとは」

「親父は僕のじいさん、つまり初代にケーキづくりを教わっているんで、身内からしか教わったことがないんですよね。でも僕はホテルで修業していたので、何というか今の店のケーキが昔ながらのものであることを理解しています」

私は黙って拓己さんの話を聞きました。

先代と意見が合わない、先代のやり方についていけない、経営面で考え方が違うといった問題は、先代とは別のところで修業してきた2代目といった関係性のもとに発生しやすいものだと思います。実際に私も相談を受けるこが多いのです。

ひとつ屋根の下に、それぞれ違う育ち方をした職人が2人もいるのです。大抵は先代から2代目がお店を譲り受けるまで、2代目がひたすらがまんするということでやり過ごしたりします。

協調性を保ちながらお店を切り盛りできている例は多くはありません。表面上は仲良くやっているようには見えるものの、お互いの腹の中では相手に対してストレスがたまっていることもあるでしょう。

親子だからこそぶつかることもあるでしょうし、親子だといってもそれぞれがプライドをもったプロフェッショナルですから、重視するポイントや価値観にズレが生じるのは当然のことかもしれません。

「僕はやっぱりこの店を次の世代にも残していけるような店にしたいから、もっと改革していくべきだと思っているんですよね」

「改革とはどういうことですか？」

「宮本さんもうちのケーキ食べていただいたことがあると思うんですけど」

「もちろん、おいしくいただいています」

「味はね、郊外にある洋菓子店にしては、それなりにおいしいと思うんです」

「はい」

「そりゃ僕が働いていたホテルのケーキほどではないですけど。まあ比べる対象ではないというか、上がっている土俵が違うから」

「……」

「高級ホテルと郊外の洋菓子店、求められているものが違います。ホテルのレベルを親父に求めているわけではないんです」

「お父様にはお父様の良さがありますもんね」

「僕もそう思ってはいるんですが、もうすぐ30歳半ばになろうという息子に、これは違う、あれはダメ、ですからね。参っちゃって」

「お気持ち察します」

そういって拓己さんは深くため息をつきました。

「こんなはずじゃなかったのにと思うことばかりなんですよ。あの店は僕にとっても大事な店だから、大切に守っていきたいと思って戻ってきたのに……」

拓己さんは間髪入れずに話し続けます。いつの間にかコーヒーは冷め切っていました。

「温かいのをもう一杯もらいましょうね」と言って、私は2杯目のコーヒーを注文しました。

毎日大量にあまるケーキで食品ロス

拓己さんの話をひとしきり聞いてから、私は拓己さんに質問しました。

「一度に全てのことを解決していくことはできないにせよ、できることから改善していけたらいいですね」

「もちろん私もそのつもりでいます。でも何から解決していったらいいのか、全然わからない。僕の意見に親父が賛成してくれたことってないし」

「商品のことは置いておいて、拓己さんが一番気になっていることを挙げるとしたら何ですか」

「そうだなぁ。ロスが多いってことですね」

「どういうことですか？」

「毎日作りすぎなんですよ、親父は。ケーキは生ものなのに作りすぎるから廃棄になってしまう。それが本当に気になっています」

拓己さんの話によると、浩さんは常にショーケースにたくさんのケーキが並んでいることが重要だと考えているそうです。

「ケーキには夢が詰まっているんだよ。だからショーケースを見て、お客さんがうわ～っ

ケーキいっぱい
ゆめいっぱい

て声をあげるくらいじゃないとな。今までだってこれくらいは売れたんだ」

そう言って浩さんは、毎日大量にケーキを作っています。

以前はそれでも8割程度は売れていたそうです。多少の余りは仕方ない。反対にお客様がお見えになった時に、ケーキが残っていないことのほうがチャンスロスになると拓己さんも思っていたので、そこには目をつぶっていたそうです。

しかし拓己さんが修業先から戻ってきたのはコロナ禍の最中でした。テイクアウト専門の洋菓子店とはいえ、やはり売上は落ちました。

コロナによる行動規制が緩和され始めてからは、徐々にお客様も戻ってきて浩さんも拓己さんもホッとしたそうです。そして浩さんはコロナ禍で落ち込んだ分を取り戻そうと、ケーキ作りに励むようになりました。

「お客様が戻ったといっても、やはり以前とは違って。もちろん昔ながらのお客様も来てくださるけど、例えばネット通販を活用したりとか、お客様も行動も変わったので」

「そうですね」

「それでケーキが以前より余るようになったんです。食材の高騰もあるし、僕としてはちゃんと管理してロスを極限まで抑えたいのですが、親父はその気がないみたいで……」

ＰＯＳでデータ収集。販売数を予測する

「佐々木さんのところは、お会計は普通のレジで行っていますか？」

「そうです。カードは使えますが、現金のお客様も多いんですよ」

「それならＰＯＳレジって、ＰＯＳレジを入れてみてはどうでしょう」

「ＰＯＳレジって、タブレットとかでお会計するやつでしょ？」

「タブレットでもパソコンでも使えます」

佐々木さんは、困ったような顔をします。

「ちょっとわかりません。レジを替えたからって何でケーキのロスが減るんですか？」

「ＰＯＳレジを入れると、その日の売上データや各商品の個数などが簡単にわかるんです」

「それは普通のレジでもその日の締めをすれば出てくるじゃないですか。レシートで」

「そうなんですけど、ＰＯＳレジに変更することによって、ＰＯＳシステムでデータを吸い上げれば、前日比較や年度ごとの比較など簡単にできるわけです」

「はあ」

「統計データから季節ごとや曜日ごとに販売数の目安を立てて、それに合わせて商品の製

造数を管理していくことでロスを減らしていけると思います」

「でも、でもですよ。販売実績をもとに製造数を管理するだけなら、レジを替えなくてもできますよね」

「しかしそのためには Excel でのデータ管理など、拓己さんの労働時間を奪うことになってしまいます。でもシステム連携なら勝手にシステムが計算してくれますから」

「なるほどね〜」

ロス削減のためにPOSレジから得られるデータを活用することは、とても重要なことなのですが、それ以上に大事なことがあります。

「お父様が経験されてこなかったことを受け入れるのは、なかなかハードルが高いですよね。ましてやデジタルってなかなか」

「親父は完全にアナログ人間ですからね」

「でもレジが古くなったから新しいのに替えようという程度なら、受け入れやすいと思うんです」

「実際に接客してレジを打っているのはアルバイトさんだから、そこはすぐに慣れてくれるだろうし、親父には直接関係ないから、案外すっと通るかもしれない」

「拓己さんはＰＯＳレジに替えたら、統計データを収拾して、お父様に納得していただける資料をつくるようにすればいいと思います」

拓己さんの目は真剣です。

「お父様は心を込めてケーキを作っていらっしゃるから、ケーキが残ってしまうことに決して心を痛めていないわけではないと思うんです」

「そうですよね」

「状況をうまく理解するきっかけがないだけだと思いますよ。例えばよく売れる時間帯などをデータから読み取って、その時間帯に合わせてケーキを作ることだってできます。ロスが減れば、その分ケーキの材料費などに還元することだってできるはずです」

私の話を聞いて、拓己さんの頭の中にもアイデアが芽生えていきます。データをこんなことに活かしたいなど活発に意見が出てきます。

「宮本さん、親父とちゃんと話したいから、宮本さんにも加わってもらっていいですか」

「もちろんです！」

アンケートはがきの集計作業がスタッフを苦しめる

肝っ玉母さんが切り盛りする人気定食屋

のれんをくぐると、店の奥から元気な声が響いてきます。

「宮本さ〜ん、よく来たね。さ、こっち座って」

声をかけてくれたのは、この店のオーナーである俊子さん（仮名）です。俊子さんは肝っ玉母さんを絵に描いたような人で、60代前半だと聞いていますが年齢を感じさせないパワフルさがあります。

俊子さんの店は昼も夜も交通量の多い県道沿いにある定食屋で、40席ほどある店内は常ににぎわっています。閑散としている様子を見たことがありません。おいしそうに俊子さん自慢の定食をほおばるお客様の間をぬって、俊子さんが空けてくれたカウンター席に座ると、勢いよくコップに入った水が置かれました。

「何にする？　チキン南蛮にしとくか」

私に選択権はありません。安くて、ボリュームがあって、何を食べてもおいしいのでお任せでも一向に構わないのですが、何にするのか聞きながらもメニューを勝手に決めるのが俊子さん流です。

「チキン南蛮、ちょうど食べたかったです。お願いします」

もちろんお客様全員のメニューを勝手に決めているわけではありません。ちょっと親しくなると、その日のおすすめや、常連さんのお気に入り定食を、確認もそこそこに厨房に通していくのです。「自分の好みをわかってもらえている」「いつもの！　で話が通る」という特別感が、この店の繁盛ぶりを支えている一つの要因なのかもしれません。

「明美は今、厨房だから。一段落したら出てくるからチキン南蛮食べて待っててよ」

明美さん（仮名）とは俊子さんの娘さんで、元気一杯の俊子さんとは真逆ともいえる控えめな女性ですが、気遣いが細やかで俊子さんのフォローもばっちり。バランスの取れた親子だなと常々思っています。

俊子さんのお店に出入りするようになったのは、注文を受けやすいようにハンディを導入したいと相談があったからです。それまで俊子さんのお店ではオーダー表に手書きで注文を書いていました。最近、学生のアルバイトさんが数名入ったので、そろそろ手書きをやめようと決意したそうです。

ハンディの導入もスムーズに進んで、最初は操作に苦労していた俊子さんも見違えるように使いこなせるようになり、一段落といったところでしたが、今日は明美さん直々に私に相談したいことがあるといいます。

厨房の奥で忙しそうに動き回る明美さんを横目で見ながら口にしたチキン南蛮！ 揚げたてサクサクのチキンに、お手製のタルタルソースがこれでもかとかかっていてこれがまた最高なんですよね。思わず「うまい！」の声がこぼれます。

月に100枚は集まるアンケートはがき

チキン南蛮を食べ終わってお茶を飲んでいると、明美さんが厨房から出てきました。

「すみません、お待たせしました」

「とんでもない、ちょうどチキン南蛮を食べ終わったところです」

「そうですか。よかった」

「それで明美さん、ご相談というのは？」

「それなんですけど。私、ずっと困ってしまっていて……」

そう言って明美さんは、重たそうな紙袋をカウンターに置きました。

紙袋の中を覗いてみると、そこに入っていたのは輪ゴムで束ねられたアンケートはがきの山でした。

「うちの店、創業して55年になるんですけど、創業当時からずっと続けているんです。だからアンケートはがきを詰めた段ボールが、倉庫にはいくつも積み上げられているんですが、ずっとやめられなくて」

「そうだったんですか」

「母もアンケートはがきは大事なコミュニケーションツールだとか言っていて」

各テーブルには、年季が入ったはがきスタンドが置いてあり、そこにアンケートはがきがびしっと詰まっています。

「1日で平均3～5枚。月で100枚以上は集まります」

「さすがですね、人気があるな～」

「無料券が当たるので、それで書いてくださるんでしょう」

毎月末に集まったアンケートはがきから、抽選で「お好きな定食無料券」「おかず1品無料券」「ドリンク無料券」を配布しているのだそうです。

「そうでなくてもお得な価格設定で、定食を丸ごと無料にするなんてすごいな」

「創業当時から続くサービスですから。今でこそ量も減ったんですけど、おじいちゃんが現役の時は、ご飯はどんぶりで出して、みそ汁はおかわり無制限でしたからね。お客様がお腹いっぱいになることが、おじいちゃんの幸せだったから」

俊子さんの肝っ玉母さんぶり、サービス精神は、明美さんの祖父であり俊子さんの父親ゆずりなのでしょう。

集計作業は夜中まで

明美さんの悩みというのは、アンケートハガキの集計作業でした。

アンケートはがきにある複数の設問の回答を集計して、Excelに件数を記載。ご意見などフリーで記載する項目に書かれたものも全てExcelに入力します。

それから3種の無料券の当選者を各5名ずつ選びます。良いコメントを書いている、初めて来店されたお客様にはなるべく当選できるように考慮します。直近で当選していないかどうかも重要なチェックポイントです。

アンケートはがきに住所が書いてある場合は、その住所宛に無料券を発送する準備をして、住所が書いていない場合は次に当選者が来店された時に渡せるよう、店内に貼り出す当選者一覧も作成します。

月末にこの作業を一人で行っている明美さんは、アルバイトさんも帰り、暗くなった店内で黙々と作業をしているのだそうです。

「地味に大変な作業ですね」

「そうなんです。けっこう時間がかかるので、私以外のスタッフに任せるわけにもいかないし、創業当時から続いていることだから、母は絶対にやめてほしくないと言うんです」

「アンケートはがきがコミュニケーションツールの一つになっているから？」

「楽しみにしてくれている人もいるんですよね」

「アンケートの集計結果は何か活用されていますか」

「特には。みなさんうちの店を愛してくださっているので、あまり悪いことも書かれないんです」

「無料券を郵送するのも大変ですが、住所まで書いてくださるお客様は少ないのではないでしょうか」

「以前はみなさん書いてくださいましたが、最近は空欄が目立つようになりました」

個人情報の取り扱いに厳しくなっている昨今です。無料券は欲しいけれど、アンケートはがきに住所を書くことをためらうお客様がいるのは当然です。今後はもっと増えていくだろうと明美さんに伝えました。

お客様が楽しみにしているのに！

アンケートはがきの集計作業を改善すれば、明美さんの仕事量が減って余裕ができるでしょう。今までは活用することを考えていなかったということですが、お客様の個人情報は、お店にとって財産です。

「それならGoogleフォームを利用されたらどうですか」

「Googleフォームって何ですか？」

「アンケートフォームの作成が簡単にできて、かつ集計も自動で行えるオンラインツールです」

「そんな便利なもの、あるんですか！」

明美さんは少し前のめりになって聞いてきます。

「はい。それに現在郵送している食事券も、Googleフォームを入力する時に必要なメールアドレスを使ってメールで送ることができるので、郵送の手配もなくなります」

メモを取りながら真剣に聞く明美さん。

「でも私、デジタルなことには疎いんですが、そんな私でもできるでしょうか」

「大丈夫です。私がサポートします。アンケートフォームも一度フォーマットをつくってしまえば、後はそれを繰り返し使用するだけですし」

その日は、どのような手順でGoogleフォームを作成するのかを明美さんに簡単に説明し、後日実際に作成をサポートする約束をして帰りました。

ところが……です。

明美さんとGoogleフォームの作成を行う予定の日にお店を訪ねると、俊子さんがすぐに近づいてきました。

「宮本さん、どうしてアンケートはがきをなくしちゃうの」

「なくさないですよ」

「だって明美から聞いたよ。アンケートはがきはさ、お客様も愛着があるものだから勝手になくされちゃ困るの！」

「俊子さん落ち着いてください。なくさないですから」

「明美に聞いたのと、話が違うじゃない」

ハガキ

「これまで紙で行っていたアンケートを、デジタルで行いましょうという……」

「あ～それダメ。うちは年配のお客様も多いんだから。紙じゃないと無理だし、毎月書いてくれているお客様もいるんだよ。楽しみにしてくれているんだから」

明美さんがどのように俊子さんに説明したのかわかりませんが、俊子さんは絶対ダメの一点張りです。

コスト削減で、さらにサービス向上に

私と俊子さんがやり取りしているのを目にした明美さんが厨房から飛び出してきました。

「お母さん、違うの。ちゃんと宮本さんの話を聞いてよ」

「いや、よくないよ。私はアンケートはがきをなくすのには絶対反対だからね」

「じゃあお母さん、私がアンケートはがきの集計にどれだけ時間をかけているか知っている？」

「そんなことは知ったこっちゃないよ。大事なのはお客様だろ。サービスの一環なんだよ」

「だからこそ、デジタルなんですよ」

困惑している俊子さんに、私はGoogleフォームを活用したアンケートに変えれば、明美さんの作業時間が一気に軽減されるだけでなく、コストの削減も大きいことをなるべく分かりやすく伝えました。少しずつ冷静になってきた俊子さんに、明美さんがそっとお茶を出します。

「Googleフォームを使うからといっても、完全にアンケートはがきをやめる必要はありません。手書きのほうが便利だというお客様のために、アンケートはがきを残しておいても構いません。メインはGoogleフォームでのアンケートにして、補完的にアンケートはがきを使えば、お客様からクレームも出ないでしょう」

「……、宮本さん、それは本当だろうね？」

「もちろん本当です」

「……、機械とか、私はわかんないんだよ」

「ですが俊子さん、ハンディも最初は大変でしたが、今はばっちり使いこなしていらっしゃいますよね」

「バイトの子にも教えてもらったからね」

「私はこれからも、俊子さん、明美さんの定食屋が繁盛し続けてほしいと思っています。

そのためにコストを抑えられるところは抑えるべきだし、新しいお客様も獲得していったほうがいいですよね」

しばらく沈黙が続きました。眉間にしわを寄せて考えているような顔をしていた俊子さんが、口を開きました。

「ということはさ、コストが抑えられたぶん、無料券の数を増やしてもいいってこと？」

「俊子さんがそうされたいなら、そうすればいいじゃないですか。コストを抑えるということは、お客様サービスの向上につながることでもあるんです」

お客様サービスの向上につながるという言葉が俊子さんには響いたようです。

「わかった。明美、そのグーグルなんとかってやつのやり方、しっかり宮本さんに聞いといて！」

「やっと納得してもらえたみたい。宮本さん、お願いします」

「もちろんです」

「と、その前に。宮本さんはハンバーグ定食でいいよね」

「は、はい！」

紙もインクリボンも本体も邪魔になって仕方ない

進気鋭のラーメン店は行列が絶えない人気店

ラーメン好きな私としては、通いたくなるお店がまた一軒増えました。

田中さん（仮名）のラーメン店は、最寄り駅から歩いて10分弱のところにあって、決して立地がいいわけではありません。しかしオープンから1年、口コミで評判が広まってお客様が増えています。

私と田中さんは、自治体が開催した開業セミナーで知り合いました。私は飲食店開業のコンサルティングをしてきた経緯があるので、講師として話をさせてもらいました。

当時の田中さんは東京都内にあるラーメン店の名店で働いていて、そろそろ独立をと考えているところでした。実直で、ラーメンをこよなく愛している熱い男性です。田中さんの修業先は魚介系スープをベースにした醤油ラーメンで人気を博したお店だったので、その味を継承しつつ、オリジナリティーを出したいと田中さんは考えていました。

開業セミナーは2日間のコンパクトなものだったので、すべてをお伝えするというよりも基礎編という感じの内容でした。セミナーが終了した後に田中さんから声をかけてくださり、開業に向けて準備をお手伝いしてきました。ですから私自身も思い入れのあるお店が繁盛していると聞き、嬉しく思っています。

今日は田中さんのラーメン店の定休日です。田中さんは従業員も雇わず、一人でお店を切り盛りしているので、私との定期的なミーティングは定休日に行っています。スープの仕込み中で、かつおの香りが広がる厨房に田中さんは立っていました。

「こんにちは～」

「いらっしゃい！」

今日はお客様として来ていないのですが、田中さんの大きな声が響きます。

「いい香りですね」

そう言って私はカウンター席に座りました。

「食べていきますか？　いいですよ」

「お気遣いなく。ちゃんとお客様として来ますから」

「そうですか。全然気にしなくていいのに」

話しながらも、田中さんの手は止まりません。スープの様子を見ながら、今度はチャーシューの仕込みの準備も始めました。このチャーシューが本当に柔らかくて、おいしいのです！

たった4坪しかない店内は激狭

しかしながら狭い！

来るたびに狭いなと思う田中さんの店は、たった4坪しかありません。席はたったの6席で、壁と座席の間がとても狭くて、お客様が座ってしまうと移動も難しい。ラーメンを食べるお客様に「すみません……」と声をかけて一度立ってもらわなければ出られないほど狭いのです。

田中さんは開店資金を抑えたかったのと、自分一人で店を回したいので、席数は10席以内に絞りたいと最初から決めていました。田中さんの条件に合わせて、テナント選びからお手伝いしたのですが、このテナントを見た瞬間に田中さんは「ここしかない！」と思ったそうです。

一緒に現場を見に行っていたのですが、田中さんは興奮気味に声を上げて、「こ、ここにしましょう、宮本さん！」と叫びました。私も選定に関わっているので、もちろんこのテナントでもいいと思っていました。駅から徒歩で10分弱かかりますが、ラーメンが本当においしければ、口コミでお客様が集まると踏んでいました。それくらい田中さんのラーメンはおいしいのです。

たださすがに狭すぎるかな……と私は少しばかり懸念していました。なぜなら田中さんはけっこう大柄だからです。食べることが大好きなので休日も食べ歩きに励んでいて、柔らかそうなお腹が何とも愛らしい人なのです。みなさんもよくご存じの、黄色い熊さんのようなお腹を想像していただければいいと思います。

「今日は宮本さんに相談したいことがあって」

「なんでしょうか」

「ちょっと最近、店が狭いなと思い始めちゃって」

「店舗を変えるということですか？」

「いや、そんな気は全然ないの。ここの場所、すごく気に入っているから」

「では店内のレイアウトを変えるということでしょうか」

「それも自分の店で言うのも何だけど、限界があるなと思っていて」

「まあ４坪しかないですからね」

やっぱり狭すぎたかなと反省しました。田中さんは狭い厨房で仕込みを続けながら話しています。調理台とカウンターの間にお腹がぴっちりとおさまっていて、大丈夫かなと思うほどです。

「何かいい方法ないですかね」

「田中さんはどうしたいんですか」

「いやね、ラーメンって仕込みの材料が多いから、スープを仕込む時なんかカウンターに置くところがないほど材料が並んでいて、困ったなと思うんです」

「そうですね」

「できることなら材料を置く場所を増やしたいわけですよ」

「そうなると効率的ですね」

「それからね、そろそろ新しいメニューも出したいわけ」

「おっしゃっていたチャーシュー丼ですか?」

「そう、そう。でもチャーシュー丼やるとなると、ラーメンどんぶり以外に食器が増えちゃうでしょ」

「そうですね」

おまち!
せ、
せますぎる…
ラーメン

「それでなくても狭いからさ、カウンターの前にあまり物を置きたくないわけ。お客様だって目の前に物が置かれていたら落ち着かないでしょう」

「確かに」

「だから、店内のものを減らして、もう少しすっきりさせたいんです。とにかくお客様にラーメン食べることに集中できる環境をさ、提供したいじゃない」

どこまでもラーメンとお客様ファーストの田中さんです。

FAXなんて必要ない？

私は改めて田中さんの店の中を見渡しました。もちろん、改善策を見つけるためです。

そして田中さんに言いました。

「だったらFAXをやめませんか」

「え！」

「FAXやめたら、少しですがスペースあきますよね」

「そりゃそうだけど、困るよ」

「何に困るんですか」

「注文しないといけないでしょ」

「田中さんが八百屋さんとかに注文を出しているのはＦＡＸですよね」

「そう。だからなくしちゃ困るよ」

「それ以外で使うことはありますか」

「注文を出す以外で使うことってないでしょ。だってＦＡＸは注文するためにあるものだから」

「そうではなくて、田中さんがＦＡＸで注文を受けることはありますか」

「え、あ、ないですよ」

「だったら必要ないですね」

「え、あ、ちょっと待って」

田中さんは明らかに混乱した顔をしています。

「ＦＡＸがなくなったら、注文できなくなるよね。電話でするってこと？　いや僕の店は夜遅く閉まるから八百屋さんは店閉まっているし」

「今ですね、ＦＡＸを送るアプリがあるのをご存じですか」

「知らない、そんなの知らないよ」

「ＦＡＸアプリを使うと、まずＦＡＸが必要ありません。スマホでＦＡＸを送ることができるので」

「ということは、ＦＡＸ本体を処分してもいいってことだよね」

「はい。おまけに送信だけなら、一定回数無料というアプリもあるんですよ」

「固定費とかかからないんだ」

「そうなんです。経費ということでいえば、ＦＡＸって紙を買わないといけないし、インクリボンも必要ですよね」

「そうだよ。用紙もけっこう邪魔だよね」

「ＦＡＸアプリを使えば、紙もインクリボンも買う必要がないんです」

「ちょっと、驚いたね～。それ本当なの？」

「本当です」

田中さんは、カウンターに身を乗り出してきました。

脂ギッシュなＦＡＸとおさらば

「例えば小さなメモに注文を書いて、それをスマホで写真撮って、写真をそのまま送ることもできます」

「それは便利以外の何者でもないじゃない」

「そうなんですよ。手間も省けるだけでなく、経費も削減できるし、スペースも確保できるんです」

ＦＡＸと用紙を置いておくスペースなんて、たかがしれていると思われるかもしれません。しかし田中さんのような小さな店では、ＦＡＸを置いておくちょっとしたスペースでも工夫できたら、それだけで変わってくるものなのです。

「そうか、じゃあＦＡＸをアプリに変えることから始めようかな」

「いいですね」

「いや実はね、うち飲食店だからどうしても油が出るんですよ。店内にＦＡＸを置いておくと、表面がどうしても油っぽくなるというか、汚れるでしょ。それも何だか美しくないなって思っていたんです」

「確かに。用紙だって油を吸収しますから、やはりきれいな状態を保つのは難しいですよね」

「そう。だからそういうのも気になっていたから嬉しいよ」

「良かったです」

「でもさ、八百屋の竹山さん、まさか僕がスマホで注文しているなんて思わないよね」

「気付かないでしょうね。今までどおり注文は入ってきていますから」

「そうか～、そういうのをデジタル化って言うんだよね」

「そうです、デジタル化です」

「なんだかかっこいいな……」

田中さんはなぜか感慨深げにいいながら、大きな寸胴をのぞき込みました。

「私には田中さんのほうがかっこよく見えますけど」

「え～、どういうこと？」

「こんなにこだわりの詰まったラーメンをつくって、ほぼ口コミでお客様を増やして。それは田中さんのラーメンが素晴らしいということですよね」

「そうか～、そう言ってくれると嬉しいけれど。そうか～、かっこいいか」

田中さんは、愛らしいお腹をなでながら、顔をくしゃくしゃにして笑いました。

アルバイトが集まらない。地獄の連続シフトに悩む日々

和食レストラン

立派な門をくぐり、鯉が泳ぐ池を横目に歩いて暖簾をくぐりました。

ここは古民家を改修してつくられた和食レストランです。ゆったりとした店内には格式高い調度品が飾られていて、大広間からは美しい日本庭園が見えるのが自慢です。宴会や顔合わせ、接待などにも使われる風格と落ち着きがありますが、価格はさほど高くありません。

特にランチタイムは天ぷらや刺身などが楽しめる御膳がお手頃価格で楽しめるとあって根強いファンがいるようです。この地域で3店舗展開しているローカルレストランとして知名度は抜群です。

レジ横に立っている作務衣のような制服を着用したスタッフさんに声をかけて、店長の秋田さん（仮名）を呼んでもらいました。

入り口横に置かれたベンチに座って待つこと5分、黒のスーツでびしっときめた秋田さ

んが小走りで近づいてきました。年の頃は50代半ばといったところでしょうか。この和食レストランが創業した当時からのスタッフで、最初は学生アルバイトだったとずいぶん前に聞きました。「実は就職活動が思うようにいかなくて……」と苦笑いして秋田さんは教えてくれましたが、学生アルバイトから社員になり、店長まで上り詰めた努力家です。

「宮本さん、お待たせして申し訳ございません」

「全然待っていませんよ。お忙しそうですね」

「昼間から婦人会の宴会が入っていたもので、ちょっとバタバタしておりました。こちらへどうぞ」

秋田さんの後ろについて店内の廊下を歩いていくと、ふすまで仕切られた個室から、にぎやかな笑い声が聞こえてきました。婦人会の方たちだなと思いながら通り過ぎます。途中すれ違うスタッフさんは、一様に「いらっしゃいませ」とにこやかにあいさつしてくれました。いつ来ても丁寧な接客です。

案内された小さな個室で秋田さんと向き合って座りました。するとすぐにスタッフさんがお茶とおしぼりをもってきてくれました。さすがだなと思った私は、秋田さんにこう話しかけました。

「いつ来てもスタッフ教育がしっかりされていて驚きます。すばらしいですね」

「ありがとうございます。ただ今日、宮本さんにお越しいただいたのは、まさにスタッフのことで悩んでいまして、相談に乗っていただきたいと思っているんです」

「そうでしたか」

どんな悩みだろうと顔を上げて秋田さんを見ると、心なしか疲れた感じがしました。

どんなに募集しても、人が集まらない

秋田さんの悩みというのは、求人募集をかけても人が集まらないということでした。

そのため秋田さんは、ここしばらく休みも十分に取れていないとのこと。労働時間の管理にとても厳しくなってきた昨今、いくら店長という責任がある立場でも、労働時間の超過はいけません。いわゆるブラック企業とみなされてしまいます。

「それはわかっています。私も無理に働きたくないんですが、本当に人が足りないんです。それでもお客様は来られますから対応しないわけにはいかないんです」

秋田さんの顔に苦悩の色が見られます。

この和食レストランで行っている求人募集の方法は全部で4パターンあるそうです。

募集
募集
いらっしゃいませ〜
求人
募集
○○○○

まずは店の前に貼り出してある求人募集の張り紙です。これはもう何年も貼り出したままだそうで、張り紙を見ての応募はこれまで何人かあったといいます。

それから二つ目は、地域の求人情報誌です。スタッフさんがやめた時や、忘年会シーズンの短期アルバイトなど、不定期に利用してきましたが、思ったほど効果はないといいます。三つ目は求人サイトへの投稿で、四つ目は和食レストランの公式サイト内に掲載している求人情報です。

つまり基本的なことは全部行っているのですが、応募が来ないといいます。

「もうずっと人不足です。だからずっと求人募集を出し続けています」

「それは大変ですね」

「求人情報誌にしても求人サイトにしても、掲載するにはやはり経費がかかりますから、これまで求人に費やしてきた経費は相当なものです」

「それでも成果が上がらないと」

「そうなんですよ。求人サイトとかの文言が良くないのかなと思いまして、いろいろと工夫もしました」

「当店で働くメリットみたいなやつですか？」

「はい。『アットホームな職場です！』とか『おしゃれな制服で働きましょう』とか、『学生さんもたくさん働いています！』とか、あの手この手で呼びかけてはいるものの、全然ダメですね」

「ご苦労されていますね」

「もちろん時給も上げました。時給を上げて、まかない無料です」

「秋田さんのところだけでなく、接客業はどこも人不足ですからね」

「うちだけではないとわかっていますが、どうにかならないですかね、宮本さん」

秋田さんは、切羽詰まった声で私に訴えかけてきます。

求人募集の見せ方が合っていない

秋田さんにも話したように、常に人不足だった接客業ですが、コロナ禍に入ってから、さらに人が集まらないという相談を受けるようになりました。

コロナ禍の影響だけでなく、例えばお店の立地が悪い、時給が安いなど、接客業での人材確保は常に大変なことだろうと思います。

私は長年接客業に携わってきたので、接客業の楽しさも知っています。そして現在は飲食店を中心としたコンサルティングを行っているので、一軒でも多くのお店が繁盛してほしいと思っています。しかしその繁盛を支えるのは人なので、人材不足が続けば、その店にとって死活問題となるでしょう。

「人が来ないということは、つまり私が考える『うちで働くメリット』が、アルバイトを探している人に全然刺さっていないということでしょうかね」

「そうとは言えないと思います」

「では何が原因なのでしょう」

「原因はさまざまで、お店の状況によっても違いますから一概には言えませんが、しいて言うなら見せ方ではないでしょうか」

「見せ方……ですか？」

「そうです」

「ですが求人誌に求人サイトと、できる限りのことをやっているつもりですけれども」

「秋田さん、ＳＮＳは運用していますか」

「いいえ。ＳＮＳは全然ですね。確か Instagram と Facebook のアカウントはありますが、全然更新していません」

「では Instagram と Facebook を活用しましょう」

「はあ」

「特に学生さんのアルバイトを集めるなら、ＳＮＳの活用は必須です」

そうなんです。今時の求人募集はＳＮＳの活用が効果的なのです。

特に学生さんは、ＳＮＳを必ずといえるほどチェックしていますよね。ＳＮＳで店内の雰囲気や、アルバイトさんの様子や、出している料理など、自分がもしもアルバイトに入ったら、どんな働き方ができるのかをあらかじめ写真や動画でチェックしてから応募してきます。

ＳＮＳの活用で、求人募集のコストを削減

「そんなふうにＳＮＳが活用できるなんて知りませんでした」

「先ほど秋田さんは、求人誌や求人サイトに記事を掲載すると経費がかかって大変だとおっしゃいましたよね」

「言いましたけど……、そうか。ＳＮＳだと無料でできるということですね」

「そうです。経費はかからないので無料でできます」

「それだけでも試してみる価値がありますね」

秋田さんは、スマホを開いて、更新を一切してこなかったというInstagramを開きました。初回の投稿として和食レストランのロゴが投稿されていますが、確かに2回目の投稿はありません。フォロワーは10人程度います。おそらく秋田さんやスタッフさんでしょう。

「要はこの投稿部分に、求人募集を書き込めばいいんですよね」

そう言うと、秋田さんはこれまで求人サイトなどに掲載してきたであろう求人情報をコメント欄に貼りつけて、和食レストランの外観の写真とともに記念すべき2回目の投稿を行いました。

更新をしてこなかったとはいえ、秋田さんはスマホにも慣れていますし、SNSの更新も苦ではないようです。

「こういうことですよね、宮本さん。これで応募来ますかね？」

いつも冷静な秋田さんですが、少し嬉しそうです。

「秋田さん、残念ですがこれでは集まりません」

「え！　Instagramに投稿したのに？」

「秋田さんは、特に学生でアルバイトを探している人たちが、どんなところをチェックしているのかわかりますか」

「う〜ん、どうでしょう。時給ですかね」

「もちろん時給だって気になりますよね」

「まかない付きかどうか、ですか？」

「ひとり暮らしの学生さんにとっては、まかないが付いたら嬉しいでしょう」

「まかないも正解ではないのですね、何でしょうか」

「時給もまかないも大事ですが、もっと大事なのは『楽しそう』『おしゃれ』『いい感じ』です」

秋田さんは、ぐぐっと唸って黙り込んでしまいました。

「要するにこのバイト先で働いたら楽しそうだな、こんなおしゃれな空間で働けるならいいなと思ってもらえるような投稿が必要なんです」

「それは……、私には何が楽しいのかピンときません」

「そうですよね。こちらのお店は風格というか、歴史を感じるし、お客様も接待などでご利用される方も多いから年齢層が高いと思われるでしょう。学生さんにとっては敷居が高く感じられます。厳しく指導されるのかな、とか」

「けれど学生アルバイトさんもしっかり働いてもらっていますよ」

「入ってしまえばそうかのかもしれませんが、まずは興味をもってもらわないと応募には至りません」

「確かにそうですね」

「学生アルバイトさんもたくさん働いているとか、そういう職場の雰囲気がわかる内容を発信すると、興味をもってもらいやすいです」

Instagram の画面をじっと眺めていた秋田さんがぽつりとつぶやきました。

「私は中年のおじさんです。学生さんの気持ちがわかりませんよ」

「そんな落ち込むことなんてないです。それこそスタッフさん、学生アルバイトさんに協力いただいたらいいんです」

「はっ！」

「彼らは現役の学生さんですよ。学生さんの気持ちは学生さんが一番良く知っています」

「そうですよね、私が学生になりきる必要ないですね。これは失礼しました！」

そう言って秋田さんは恥ずかしそうに笑いました。

写真はどこに消えた。写真がばらばらでイメージ崩壊

安い、早い、うまい

開店前の店に入ると、厨房には忙しそうに仕込みをする料理人さんの姿が見えました。厨房はざわざわとしていて、私が「おじゃまします」と声をかけても届かなかったようです。もう一度大きな声で「おじゃまします」と言いかけたその時、赤井店長（仮名）が階段を下りてきました。

「宮本さん！」

「あ、こんにちは。赤井店長」

「来てくださってありがとうございます！」

作務衣のような制服を着た赤井店長はハキハキと大きな声でしゃべります。

「今日は2階の座敷にご予約が入っているんで、その準備をしていたっす」

「さすが金曜の夜ですね」

「コロナも落ち着いてきて、団体さんも入ってくるようになって、ありがたいっす」

「そう聞いて安心しました」

「自分もやっぱり団体入るとホッとします」

赤井店長は、市内に5店舗展開している居酒屋のなかでも一番席数の多い本店を20代前半で任されているやり手の店長さんです。学生の頃は柔道をやっていたらしく、がっちりとした体形に作務衣がよく似合います。確か学生のころから、この本店でアルバイトをしていたと聞きました。

何を食べても安い、何を飲んでも安い、おまけに味も悪くない。注文すれば、速攻でお酒も料理も出てくるのでサラリーマンを中心に人気が高く、この地域で働いている人なら一度は宴会に使ったことがあると断言できるほどです。会社の忘年会、新年会、送別会などで幹事さんが喜ぶ、飲み放題付き激安コース料理は特に人気で、2階のお座敷は貸し切りができることもあり、それこそコロナ前は連日のように予約が入っていたようです。

私も客として友人たちと訪れたことがあるのですが、もう「ビール！」「お酒もってきて」というお客様の声が途切れることがなかったです。大きな声を出して話さないと、友人の声も聞こえない、私の声も届かないといった感じで、ワイワイ・ガヤガヤしたい人にはもってこいの居酒屋なのです。

こんな店を切り盛りするなら、体力がないと無理でしょう。その点、赤井店長はビールの中ジョッキを両手で12個運ぶだけのパワーを持っています。まさに居酒屋で働くために生まれてきたような人だなと思います。ただ最近では12個いっぺんに運ぶようなオーダーがないと嘆いていましたが。

「今日の宴会で、中ジョッキ12個運べるといいですね」

「いや〜、どうですかね。今日の宴会は20名だから最初の乾杯が生ビールだったらいけるっす」

「最近は飲む人自体が減りましたからね。どうでしょうね」

「まあウーロン茶でも。うちはウーロン茶も中ジョッキで出すから」

「ジョッキなら一緒に運べますからね」

「はい。ウーロン茶でもチューハイでも。せっかくの飲み放題ですからたくさん飲んでいただきたいんですけどね」

赤井店長と話していると、気持ちが明るくなります。だから相談があるとご連絡をいただくと嬉しくなって、すぐに出向いてしまうのです。

店舗ごとに全然レベルが違うInstagram

「それで今日はどんなご相談ですか」

赤井店長にたずねると、赤井店長はレジの横から取り出したスマホを手に、私をテーブル席に案内してくれました。

「これ、まず見ていただきたいんです」

「お店の Instagram ですね」

「そうなんですよ」

赤井店長と同じ作務衣をきたアルバイトさんたちが、ポーズを決めている写真や、季節のおすすめメニュー、店内の様子など、写真がたくさん上がっています。

「更新も毎日ですし、さすがですね」

「アルバイトの子たちも手伝ってくれるんで、そこは助かってて」

「スタッフさんの仲の良さとか、お店の明るい雰囲気が伝わってくるな～」

「まあ明るいっすよ、うちの店は。自分が明るいんで」

赤井店長はニカッと笑います。

「それで、こっちの Instagram を見てほしいんですよ」

「え〜と、これは3丁目店のInstagramですね。こちらは5店舗あるから、Instagramは各店舗で運用ということになりましたよね」

「そのとおりです。Instagramを始める時も宮本さんのアドバイスもらって、そのとおりに始めたんですけどね」

「何か問題がありますか」

「本店のInstagramと比べてみてくださいよ。全然だめでしょ」

確かに！　赤井店長が言うように、本店と3丁目店のInstagramを比べると、圧倒的に3丁目店のInstagramが見劣りするのです。同じ店でありながら、店舗が違うとこんなにも差がついてしまうのかと私も少し驚きました。

「3丁目店もアルバイトさんが更新してくださっているんですかね」

「はい。この間の店長会で聞いてみたんですけど、アルバイトさんがやっているみたいです」

「それなのに、いや、ちょっと待ってください。アップしている料理の写真が全然違いますね」

「そこ、そこなんですって！」

メニューが豊富で、たまり続ける料理写真

「うちはスタッフさんがスマホで撮ったものもあるんですけど、基本的に料理写真は宣材写真です」

「これはプロが撮った写真ですよね」

「見たらわかりますよね。スタッフさんの写真のほうが、いい時もあるんっすけどね。でも料理の宣材写真があるんなら活用したほうがいいでしょ」

「そうですね」

「うちはメニュー用に宣材写真を撮るんです。季節限定メニューもあるから、けっこう頻度高く撮影してて」

「居酒屋のメニューですから写真はマストですよね」

「もちろんです。お客様は写真でメニュー選んでるから」

「それで撮影が終わった後に、各店舗に宣材写真が配布されるんです。これ使ってくれってオーナーが」

「どうやって渡されますか」

「ＵＳＢに入れたものをもらっています」

「だから配布された宣材写真を使いこなせていないんですよね～」

「なるほど」

「なんですけど、3丁目店の店長が、全然パソコンとかダメなんですよ」

「さすがです」

「運用体制をつくるっていうのは自分の仕事を減らすことっすから」

「スタッフさんのなかで、Instagram の運用体制ができているって素晴らしいですね」

「自分がいちいち写真をピックアップして渡すのも面倒ですからね」

「Instagram に掲載したい時に、どこに宣材写真があるのかをスタッフさんも理解しているということですね」

「それでなんですけどね。自分は店のスマホに宣材写真を全部落としていて、アルバイトさんも使いたいときは勝手に使えるようにしているんです」

「そうなりますね」

「それが季節ごとに必ずあるから、イベントに合わせたり、コースメニューの内容が変わったりとか、まあいろいろあって年に10回くらいは、宣材写真が届きます」

「そうですか」

どの写真かわからなーい！
あ、ありました！

聞くと3丁目店の店長は、50代後半とのこと。20代半ばの赤井店長にとってはスマホを使いこなすことなどまったく苦ではないかもしれませんが、3丁目店の店長にとっては苦手なことの一つなのでしょう。

膨大な写真を管理するにはどうすればいいのか

「やっぱり店舗違っても同じ店だから、こんなに写真のレベルがそろわないって問題でしょって自分は思っているんです」

「そうですね」

「写真のレベルが違いすぎるから、イメージが崩れるというか。やっぱりうちの店の統一されたイメージをちゃんと出したいって思うんです」

「宣材写真をちゃんと使ったら、イメージは保たれますよね」

「せめて、そこまでは3丁目店の店長にもがんばってほしいです」

「だとしたら、宣材写真がいつでも簡単に取り出せるようにしてあげたらいいんじゃないですかね」

「それってどういうことですか？」

「つまり、宣材写真をGoogleドライブで管理すればいいんです」

「あ〜、そういうこと」

「オーナーはGoogleドライブに宣材写真をアップしてもらって、そこでみなさんで共有すればいいと思います」

「なるほどね」

「仮に3丁目店の店長さんが、Googleドライブをうまく使いこなせるようになるまでに時間がかかったとしても、アルバイトさんにここに入っている宣材写真を使ってくださいと伝えれば、問題なく使いこなしてくれるはずです」

「問題ないでしょうね」

「でもＵＳＢに宣材写真を入れたままだと、店長さんにお願いしないと宣材写真を取り出すことができないから、それだと宣材写真を使うのが面倒になってしまう」

「いちいちＵＳＢ借りないといけないからね」

「そうなんですよ。だからGoogleドライブに全部入れてしまって、スタッフさんたちも見れるようにしておけばいいんです」

「それ、いい案だ」

「ＵＳＢを店舗分用意する必要ないですし」

「さっそくオーナーに確認してみます」

赤井店長はちょっと待ってくださいと断って、オーナーにGoogleドライブが用意されているのかどうか確認のメールを送ったようです。

「そういえば赤井店長、店舗ごとで今日のおすすめメニューとか、そういった簡単なチラシを作ったりしますよね」

「します。手書きのことも多いけど」

「オンラインデザインツールを使ってみてはどうですか。デザインの勉強をしてこなかった人でも簡単に作成できる時代になったので、オンラインデザインツールを使わないなんて損ですよ。それにオンラインデザインツールを使ってチラシを作成すれば、料理の宣材写真もたくさん使えますからね」

「確かに！　なんか宮本さんと話していると、どんどんアイデア出てくるな。もっと相談のってもらっていいっすか」

「はい！　喜んで」

第2章

いまなぜ飲食店のDX化なのか

実は身近なＤＸ

本書に目を通してくださっているのは飲食店の経営者か、飲食店で働いている方が大半だと思います。ですから飲食店系の情報を収集できる業界紙やメルマガ、ウェブサイトなどに目を通すこともあるでしょう。

その時に「ＤＸって何だろう」と思ったことはありませんか。あるいは機材などを仕入れている取引先から「ＤＸ推進していますか」「ＤＸ化のお手伝いをします」など営業をかけられたこともあるかもしれません。

最近、ＤＸ、ＤＸとうるさいくらいに言われるからＤＸという言葉は知ってはいるものの、ＤＸとは何かと聞かれたら明確に説明できますか。ちなみにＤＸは何の略かというと「デジタルトランスフォーメーション」です。ロボットみたいな名称です。何だか強くてすごそうです。

ＤＸという物体があるわけではありません。

ＤＸは定義であって、広い意味で解釈することもできるし、狭い意味で解釈することもできます。つまりよく知らない人にとっては、どこからどこまでがＤＸなのか、その全貌がつかめないと思われても仕方ありません。

ＩＴと何が違うのかという声もよく聞きます。ＤＸとＩＴは深く関連しているから、ごっちゃになるのも分かります。

何のことか分からず、理解できなかったら実行できないと思われるかもしれませんが、みなさんも気付かないうちにＤＸの恩恵を受けています。

最近は飲食店に行くと、テーブルの上に必ずといっていいほどタブレットが置いてあって、タッチパネルで注文できるようになりました。チェーン系の飲食店ではほぼ置いてあるくらい普及しています。

お客様で混んでいる時などは、店員さんを呼んでもなかなか来てくれません。そんな時にタッチパネルで注文できると便利です。ビール１杯を注文するために店員さんを呼び続けなくても済むし、店員さんは忙しいときに注文されて、オーダーを通し忘れることもありません。

スタッフが十分に足りている飲食店は珍しく、どこも人手不足ですから、タッチパネルで注文できるようにすれば人手不足を補うことにもなります。ここがとても重要なポイントで、タッチパネルの導入はお客様にとって便利なだけでなく、店側の業務改善や人手不足を補うことにつながります。まさにＤＸの効果です。

ＤＸと聞くととても難しく思いがちですが、実はもうみなさんの日常にしっかりと入り込んでいます。そしてＤＸを実現するための方法は大規模なことから小規模なことまで多種多様で、飲食店の形態や規模によって導入の仕方も狙うべき成果も違います。

これも最近よく見かけるようになったのが配膳ロボットですが、配膳ロボットはある程度広さのある店であれば、人手不足を解消してくれるため大助かりですが、カウンターのみの小さな店で配膳ロボットを導入したら、むしろ歩く場所がなくなって邪魔になると思います。これは極端な例ですが、何事も適材適所が大事です。

ただ飲食店を経営しているならば、ＤＸは関係のない話ではありません。

ＤＸとは何をすることなのか

なぜ飲食店でＤＸを行ったほうがいいのかという話をする前に、少しだけＤＸとは何かについて話しておきたいと思います。

ＤＸはデジタルトランスフォーメーションの略だと前述しましたが、日本語に置きかえると「デジタルによって起こす変容」といったところです。変容させるのは仕事や生活です。つまりＤＸとはあなたの日常を、デジタルを活用して理想的な形に変えていくことです。

理想的な形に変えていくためには、ＩＴの力が必要です。ＩＴとはパソコンなどのコンピューターと、インターネットなどのネットワーク技術を利用したものです。

ＤＸやＩＴといった言葉と並んで、デジタル化という言葉も聞くと思います。こうした専門用語がいろいろと出てくるからややこしくなって「うちの店ではＤＸなんかできない」と及び腰になってしまうのだと思います。

例えば、これまで写真はフィルムを使って撮影していました。フィルムを使っている段階ではアナログです。これが一歩進んでデジタル化し、ＳＤカードなどに写真をおさめることができるようになりました。フィルムからＳＤカードへ、デジタル化していった背景にはＩＴという技術があります。

ＩＴという技術を使って、より日常を快適に、より効率的に改善していく取り組みがＤＸです。

ということで、いろいろとお伝えしましたが「ＤＸって、こんな感じなんだ」という理解程度で十分です。

従来の携帯電話からスマートフォンに変えた時のことを思い出してください。スマートフォンの使い方を手取り足取り教わらなくても、何となくではありますが基本的な部分は使いこなせたと思います。

今まではスマートフォンがなくても生活できていたはずなのに、一度スマートフォンを手にしたら、スマートフォンのない生活には戻れない。スマートフォンのない生活はむしろ不自由だと思えるくらいではないですか。

優れたＩＴ技術とは、それくらい使いやすく、浸透しやすいものです。いつのまにか日常に深く入りこんできたスマートフォンが、自身の日常をＤＸ化してくれる。私がおすすめするＤＸも、それくらい導入のハードルが低くて、それでも最大限の効果を発揮してくれるものに厳選しています。

飲食店でＤＸが進みにくい、これだけの理由

そもそもで言えば、飲食店にはＤＸ、もっと簡単に言えば効率化のために何かをするということが遅れている業界だといえます。

なぜ飲食店のＤＸが進まないのかを私なりに考えてみると、いくつか理由が考えられると思っています。

①料理をつくることは、アナログな作業

小さな飲食店では、オーナーさんが調理も担当しているところが多いです。料理人が店を構える、料理が好きで店を開く人たちの最大の目的は「おいしいものを食べて、喜んでもらうこと」に尽きます。

料理をつくることはアナログな作業です。何なら会計だって簡単な計算なら頭の中ででてしまう。デジタル化を拒んでもアナログで完結できるからこそ、ＩＴ化は二の次に

なってしまったのかなと思います。

②労働時間が長い

パソコンの使い方を覚えることで、周辺のＩＴに関連した知識を覚えることにも似ていますが、飲食店は夜遅くまで働くことが多く、拘束時間が長いです。

一般企業で働いている人が18時前後に仕事が終わるとしたら、飲食店はまさにディナータイムという忙しい時間帯に突入するタイミングです。仕事帰りにセミナーに通って、ＤＸについて勉強しましょうとか、そういった活動がしにくい傾向にあります。

もちろん勉強熱心な人は、ウェビナーなどを利用して勉強するのかもしれませんが、拘束時間が長くて、体力勝負という面もある飲食店で働いていたら、やはり休日はゆっくり休みたいですよね。

ＤＸ推進ということでシステムなどを導入すると、使い方は最低限覚えないといけません。知識を吸収する時間も少なくて、使い方を覚える時間も取りにくいとなると、面倒になって先送りしてしまうことはあると思います。

③ＤＸ人材がいない

これは特に小さな飲食店に見られる傾向だと思います。

ランチタイムとディナータイムを、ギリギリの人数で回していて、もう忙しくて仕方ないという店だと、ＤＸ推進で積極的に活躍してくれる人材はまずいないと思います。これが、社員全員がパソコンを使って仕事をしてるような会社なら、ＤＸ担当など業務としてＤＸを進めていく人がいるかもしれませんが、そんなぜいたくなことなんて言っていられないですよね。

ＤＸ推進のために導入するシステムやツールを使いこなすには、多少なりとも学習が必要です。実際にやってみるとそんなに難しいことではないのですが、基礎的なことを理解していないと使いこなせないし、なぜこれが役に立つのかも分からないです。デジタルなものが苦手だと思っている人にとっては苦痛でしかないでしょう。

小さな店こそＤＸを推進したほうがいい

「うちみたいな小さな店でＤＸと言われてもね」と言われることも多々あるのですが、私は小さな店こそＤＸの推進にチャレンジしたほうがいいと思っています。

ＤＸに取り組むメリットはたくさんありますが、その効果をよりリアルに実感されるのが、人材だと思います。

アルバイトさんが集まらなくて困ってる飲食店は多いと思いますが、業務を効率化することができたら、アルバイトさんを採用しなくても済みます。反対に、従来の方法である求人サイトではなく、ＳＮＳを活用して求人募集をかけたところ、アルバイトさんが見つかったという事例は、私が関わっている飲食店でもよく耳にします。

アルバイトさんもＳＮＳで店の雰囲気などを知ることができるので、応募しやすいのです。ただアルバイトの採用条件だけを見ても、そこで働いていいのかどうか判断するのは難しいですが、どんな料理が出て、他のアルバイトさんはどんな感じで働いているのかを知ってから応募してくるので、採用率も高くなります。

あれだけ広告費を投じてきて全然人が集まらなかったのに、無料のＳＮＳでアルバイトさんが見つかるなんて、と驚かれますが、広告費をかけずに、それも自分たちで投稿できるＳＮＳで、さっと求人募集できたら便利ですよね。

それでなくても飲食店業界は全体的に人手不足です。

なかなか人が集まらないうえに、２０２３年10月には最低賃金が上がりました。全国平均で時給１００４円に決まりました。２０２２年度の最低賃金の平均は９６１円でしたから、43円も引き上げられたのです。

物価の高騰などで家計が苦しくなったと、みなさんが実感されている昨今ですから、最低賃金の値上げは仕方ないかもしれませんが、人を雇う側からすれば頭の痛い問題です。本当は１人採用したいけれど、求人募集を出しても集まらない。加えて原材料費や光熱費と、飲食店を経営していくために必要なありとあらゆるものが高騰し、それなら現状のメンバーで無理しながらでも営業を続けるしかないという判断になるでしょう。

苦しい選択を迫られて、それで店が維持できるならまだいいのですが、これ以上の経営は無理だと判断して閉店する店も少なくありません。そうならないために、自分たちでもできる範囲でＤＸを推進することは、もはや不可欠ではないかとすら思います。

これまでアナログでやってきたことを、いきなりデジタル化させるといった変化は、多少なりとも現場に混乱を起こします。「今まで手書きでできたのに、いきなりタブレットって使いにくいから嫌だ」と思うのではなく、大切な店を守り続けるためにＤＸを活用するくらいに考えると、前向きになれるかもしれません。

推進の決め手は、オーナーさん

ＤＸという言葉を知らなくても、私から現状で困っていることを改善したら、こんなふうに便利になる、楽になると説明すると「そうですか」と何でも吸収して、すぐに行動していけるオーナーさんはたくさんいらっしゃいます。

そのオーナーさんが特別、ＩＴに詳しいとか、デジタルなものが好きというわけではありません。むしろこれまではアナログ一本やりで、デジタルとは無縁だった人も少なくありません。

私がそんなオーナーさんを見ていて思うのは、やはりＤＸが推進するかどうかは、オーナーさん次第だということです。

ＤＸ推進のために、デジタルツールを入れたりすると、今までの業務のやり方が変わります。何となくという感覚でやってきたことをデジタル化するためには、ルールを決めなければいけませんし、業務の言語化も大事です。

多少なりとも現場は混乱し、「本当にこんなことが必要なのか？」と疑問に思うスタッフさんも出てきます。

特に多いのは先代との意見の食い違いです。若い２代目は今後の経営も見据えて、デジタルにできる業務は改善したいと思っていますが、先代はゴリゴリのアナログ世代です。

「俺の時は、そんなもの必要なかった」
「タブレットで対応なんて味気ない。お客様に失礼だ」
「伝統が壊される」

などと言って反発されます。

ＤＸに限らず、何か新しいことに取り組む時に誰からも反対されないことは稀で、最初はみなさん半信半疑だと思います。

けれどＤＸは、誰もが同じように使いこなせるデジタルを活用するので、実行すれば実行したぶんだけ結果が出ます。不確定要素が多かったり、属人的なアナログのように結果がバラバラということは起きにくいので、まずは行動してみて、結果を実感することが大事だと思います。

そのために大事なのはオーナーさんの意識改革です。

オーナーさんの気持ちは、ツールを入れたからといって変わるわけではありません。またオーナーさんが嫌々取り組んでいたら、現場のスタッフさんにも伝わります。オーナーさんが「やるぞ」という姿勢を見せなければ、スタッフさんも協力してくれないでしょう。まずはオーナーさんが、「もっと効率的に働く」「効率的にすることでスタッフさんも働きやすくなる」「お客様にもっとサービスを提供できる」と、未来を見据えてDXに取り組んでいくことが大事です。

【DXで課題解決!!】

〝地獄のような計算作業から解放された〟

埼玉大学に近い国道463号沿いに、手打ちそば・うどんの松栄庵が佇んでいます。

座敷も完備した昔ながらの蕎麦屋で、昔から通っている常連さんや埼玉大学の学生さん、そして車の往来が激しい国道沿いにあるからか、移動中のお客様が自動車で訪れることも多いのだとか。ランチタイムには遠方のナンバーがついた自動車が止まっていることも珍しくないそうです。名物は米油を使用してサクサクっと揚げた天ぷらで、温冷問わず天ぷら、かき揚げとセットになったそば・うどんが多く出ます。

店主の松本一樹さんはこの店の2代目。自身の将来と店の発展を見据えて、若い頃は人形町にある日本料理店で修業をしたという料理人で、現在も揚場を中心に担当しています。

松本さんは困っていました。パートさん、アルバイトさんはいるものの、両親と自分、そして蕎麦打ち担当の弟が中心になって店を切り盛りしてきたのに、お父様が病気で倒れたのです。「そうなって初めて、今後のことが不安になった」という松本さんは、真剣に将来のことを考えるようになりました。

またお客様へのサービスの一環として、食べたいものを食べていただけるようにメニューを用意していましたが、団体のお客様がお見えになって別々のメニューを注文されたりするとスピード感をもって対応しきれなくなり、お客様にご迷惑をかけることもあったのです。しかし頑固で、お客様のためにメニューを豊富にという方針だったお父様にとってメニューを減らすということは受け入れがたいことだったようで、食品ロスにつながることもありました。

2023年1月にお父様が亡くなり、お母様も無理がきかなくなったことで店に出ることが減っていきました。松本さんがやらなければいけない仕事はどんどん増えていきます。これ以上どうにもならないと思った松本さんは、知人からの紹介で私にコンサルティングを依頼することになります。

導入したのはUSENレジです。POSレジによる会計、注文、売上などデータの集計・分析、加えて勤怠管理も全て、タブレットとハンディで行

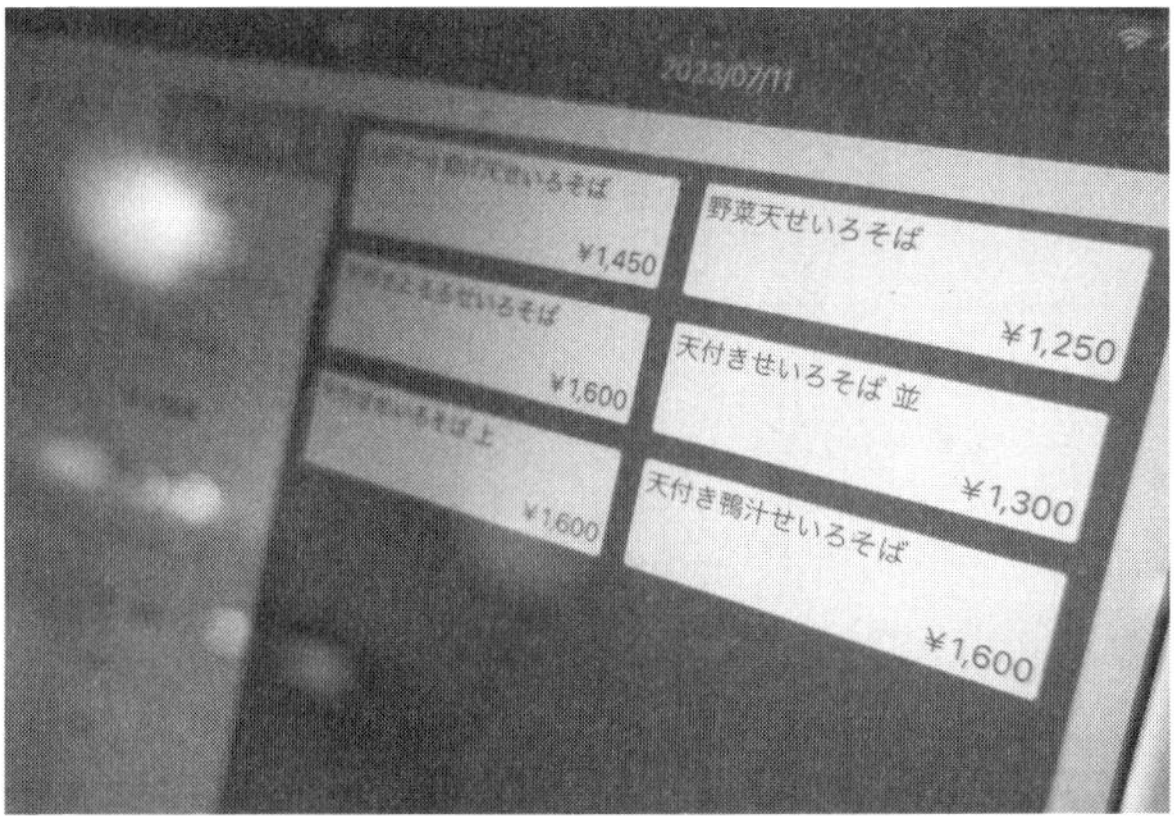

えるようにしました。それから天ぷらとかき揚げを売りにしたメニュー構成を考えて、メニューの数をぐっと抑えたのです。

「これで締め日の地獄のような計算作業から解放されると、本当にうれしかったです」と松本さんは語ります。

これまで売上やパートさんの給与計算は、すべて手作業で集計していました。月末に税理士にデータを送りますが、計算ミスも多く、何度も指摘を受けます。そのやり取りの時間が減っただけでなく、これらのクラウドデータを税理士とも共有することで、作業効率が格段に上がりました。

またパートさんたちの出退勤は30分刻みの打刻機を使っていましたが、システムの導入で、1分単位で打刻できるようになったので、人件費の削減

にもなりました。

「自分のやっていることがDXなのか、デジタル化なのか、難しいことは私にはわかりませんが、システムを導入してレジまわりをデジタル化しただけで本当に楽になったし、身が軽くなったような思いがしました。少人数で経営している飲食店さんの大半は余裕がないでしょう。みなさん細々とした経理業務などに追われているはずなので、絶対にやったほうがいいと思います。ただ私一人ではできませんでした。宮本さんが支援してくださったので前進できたんです」（松本さん）

松栄庵

埼玉県さいたま市桜区上大久保650—1

第3章

DXの種類

ＤＸには「攻め」と「守り」がある

ＤＸを推進させる最新のテクノロジーを知る必要はありません。

「このシステムがどうなって、こうなるからうちの店のＤＸが推進するんだ」

「あのアプリが最新らしいから、導入したほうがいいよね」

など、テクノロジーやツールを基準に考えると話はどんどんややこしくなります。

店舗を複数展開していて従業員の数も多いなら、ＤＸを推進させるためのサービスを提供してる企業とタッグを組んで、抜本的な改革を行うことも検討できると思いますが、小規模な飲食店では、そこまで予算が準備できなかったり、そもそも大がかりな改革を行う必要がないと思います。

それよりもやりたいこと、目的から逆算していくと、何をやればいいのかが見えてきます。ご自身の店で困ったことはありますか。その困ったことを基準に考えてけば、最初の一歩として何からやればいいのかが分かってきます。まず第一歩を踏み出してみて、それで業務が改善されたと実感できたら、また次に何をやるのかを考えるくらいでいいと考えると、

ＤＸ推進を負担に感じることなく、取り組んでいけると思います。難しく考えずに、できることからやってみましょう。

私がコンサルティングの相談を受けた方に説明しているのは、まずＤＸには「攻めのＤＸ」と「守りのＤＸ」があるということです。

「攻めのＤＸ」とは、今以上に売上を上げたり、顧客管理を行って常連さんを増やしていくといった、店をさらに活性化させるために行うＤＸです。

「守りのＤＸ」とは、せっかく開いた店を維持していくために、スタッフさんを集めたり、給与計算など忙しいオーナーさんの業務を減らして、効率的に店を運営していくためのＤＸです。

「攻めのＤＸ」と「守りのＤＸ」は似ているようで少し違います。店を開店する前なのか、店を開店してしばらく経過してるのかなど、店が置かれている状況によっても、どのＤＸが必要なのかが違ってくるでしょう。

ここでは「攻めのＤＸ」と「守りのＤＸ」における主な目的ごとに、どんなＤＸの種類があるのかを紹介します。ご自身の店が抱えている課題をあてはめてみて、「自分の店は、守りが必要なんだな」など、目安をつけてみてください。

攻めのＤＸ

「攻めのＤＸ」の入り口は大きく分けて二つです。

①売上を上げたい
②顧客を把握したい

①売上を上げることは、どんな店でも共通の課題でしょう。ＤＸに関係なく、取り組んでみたいものです。同じ利益率を上げるにしても、どの方法で売上を上げるのかによって選択すべきＤＸが違ってきます。

②顧客の把握は、要するにマーケティングです。マーケティングを行うことで、自分の店の特徴を再確認したり、お客様からの要望を把握して新規のメニューを開発したり、サービスを向上させることができます。お客様の属性も把握することができるので、お客

様のニーズをくみとって、もっと来店してもらえる店にしたいと思っている人には、とてもおすすめです。

守りのＤＸ

「守りのＤＸ」の入り口は大きく分けて三つです。

①人件費を下げる
②スタッフを募集する
③店舗を管理する

①人件費を下げるには、例えばスタッフさんを使って行う作業をデジタル化することです。もう一人スタッフさんを採用しなければいけないところを、便利なツールなどを利用することで、効率的な運営体制をつくって人件費を抑えます。

②スタッフを募集するとは、本来であれば求人サイトなどに有料で広告を掲載するなど

して募集していたところを、ＳＮＳなどを利用することで簡単かつ無料で求人募集することです。無料で募集する程度で集まるのかと思われるかもしれませんが、大丈夫です。ちゃんと集まります。

③店舗の管理は、スタッフさんのシフトを管理したり、給与計算を行うなど、オーナー、店長さんの業務を効率化していきます。

攻めのＤＸ…売上を上げる

利益率を上げるには、ざっくりとですが四つの対策が打てます。

- **客数を増やす**
- **客単価を上げる**
- **販売チャネルを増やす**
- **食材ロスをなくす**

客数を増やす

客数が増える＝収益が上がる＝利益率を増やすことにつながるというのは、釈迦に説法でオーナーさんなら「当たり前！」と思われるはずです。しかしお客様の属性によってやることは違います。

お客様には大きく分けて二つの属性があります。新規のお客様と、これまで来店されたお客様、つまり来店が2回目以上のお客様です。同じお客様でも新規が対象なのか、リピートが対象なのかによって、取り組みが違ってくるので、自身の店にとって新規獲得が必要なのか、リピーターを増やすことが重要なのか、どちらかを考えて選択します。

新規のお客様を獲得するには、まず店のことを知ってもらわなければいけません。特に開店したばかりだと、まずは一人でも多くのお客様候補に情報を届けなければいけないので、大手グルメサイトへの投稿は必須となってきます。これは書き込むだけなので、やり方を教わりながら書き込んでいけば問題ないと思います。

私がおすすめしてるのはInstagram、Facebook、X（旧Twitter）などＳＮＳの活用と、

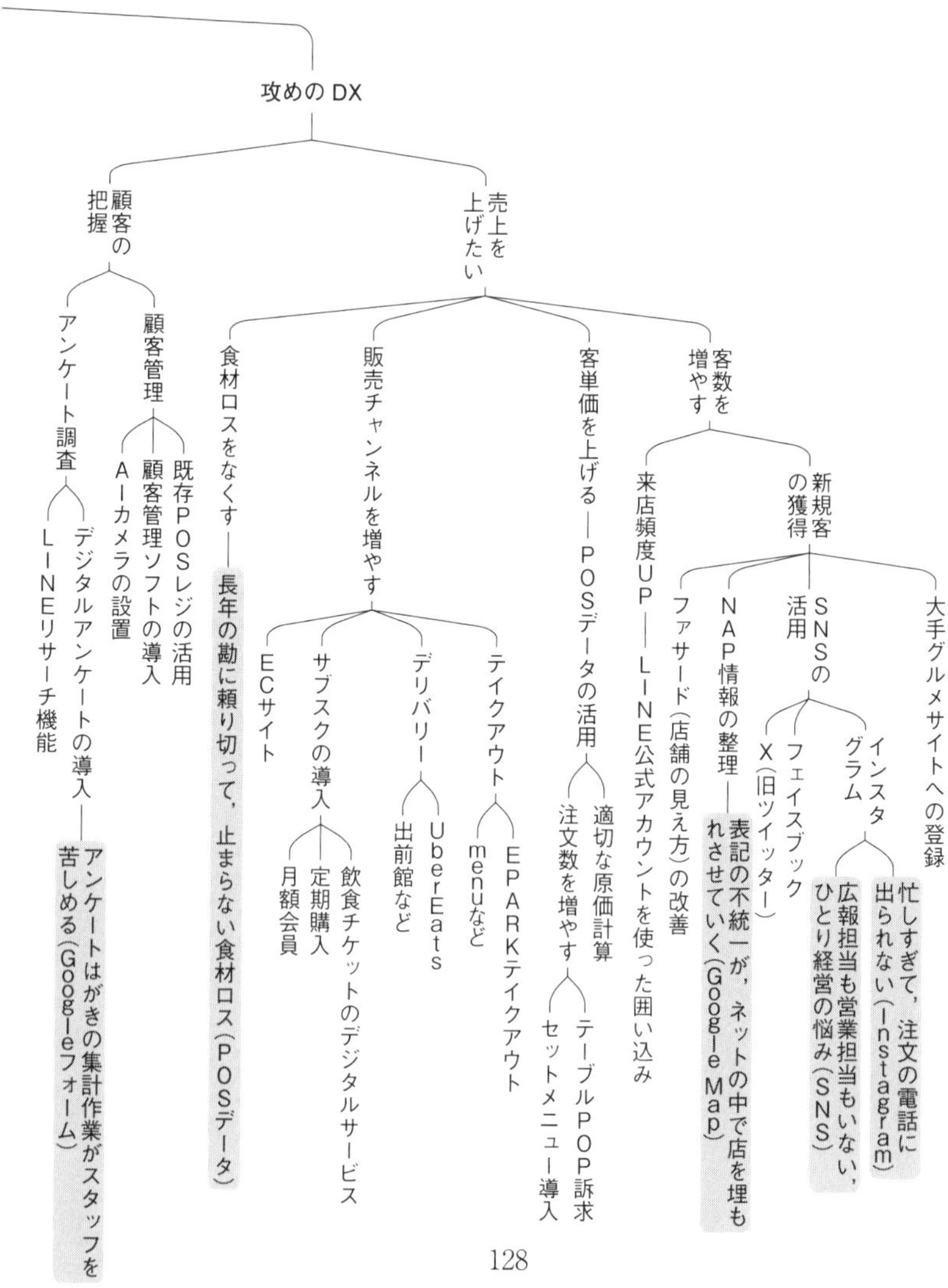
攻めのDX
顧客の把握
アンケート調査
デジタルアンケートの導入
アンケートはがきの集計作業がスタッフを苦しめる(Googleフォーム)
LINEリサーチ機能
顧客管理
既存POSレジの活用
顧客管理ソフトの導入
AIカメラの設置
売上を上げたい
食材ロスをなくす
長年の勘に頼り切って，止まらない食材ロス(POSデータ)
販売チャンネルを増やす
ECサイト
サブスクの導入
飲食チケットのデジタルサービス
定期購入
月額会員
デリバリー
UberEats
出前館など
テイクアウト
EPARKテイクアウト
menuなど
客単価を上げる
POSデータの活用
適切な原価計算
注文数を増やす
テーブルPOP訴求
セットメニュー導入
客数を増やす
来店頻度UP
LINE公式アカウントを使った囲い込み
新規客の獲得
ファサード(店舗の見え方)の改善
NAP情報の整理
表記の不統一が，ネットの中で店を埋もれさせていく(Google Map)
SNSの活用
X(旧ツイッター)
フェイスブック
インスタグラム
忙しすぎて，注文の電話に出られない(Instagram)
広報担当も営業担当もいない，ひとり経営の悩み(SNS)
大手グルメサイトへの登録

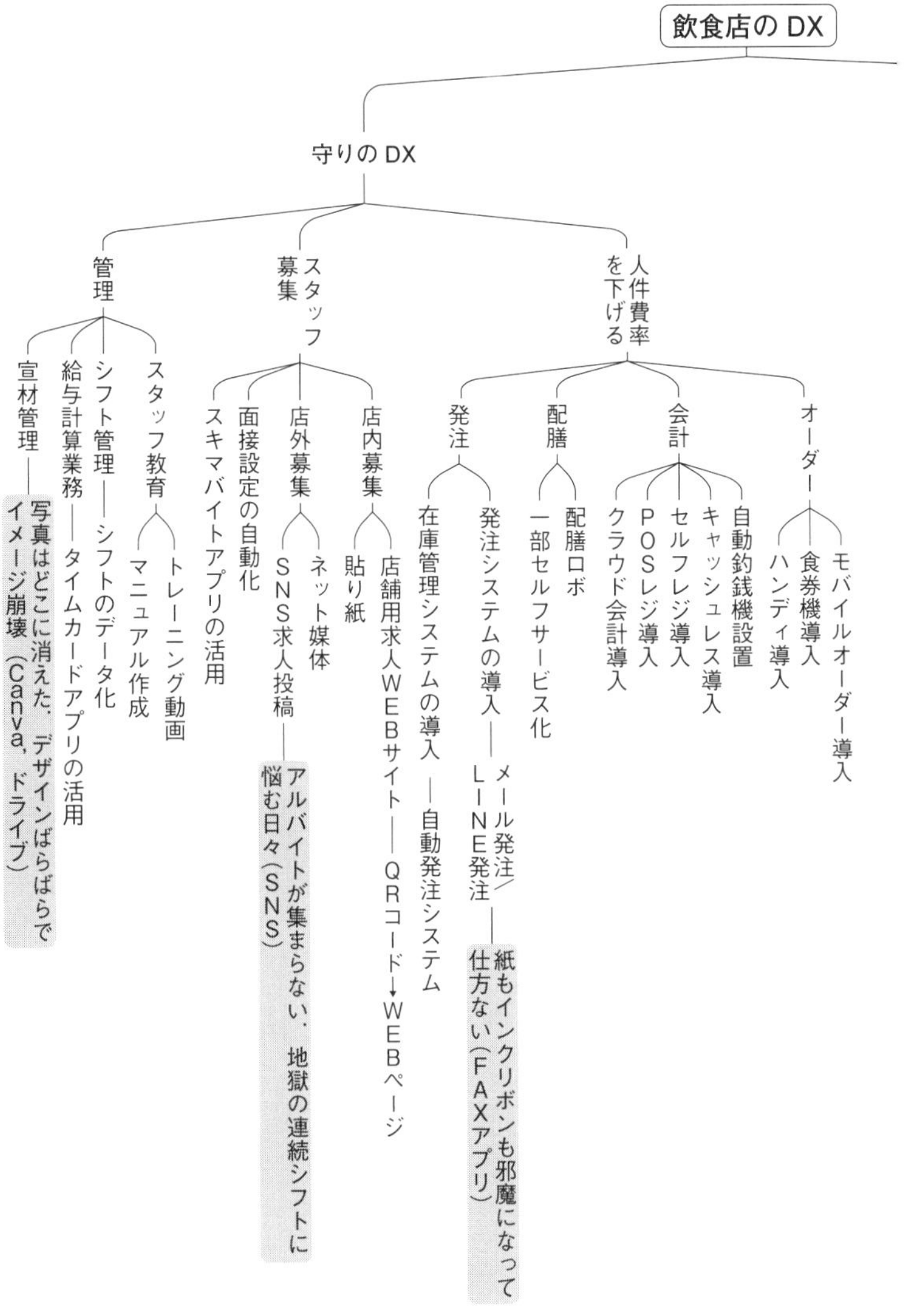

飲食店のDX
守りのDX
人件費率を下げる
オーダー
モバイルオーダー導入
食券機導入
ハンディ導入
会計
自動釣銭機設置
キャッシュレス導入
セルフレジ導入
POSレジ導入
クラウド会計導入
配膳
配膳ロボ
一部セルフサービス化
発注
発注システムの導入
メール発注/LINE発注
紙もインクリボンも邪魔になって仕方ない(FAXアプリ)
在庫管理システムの導入
自動発注システム
スタッフ募集
店内募集
店舗用求人WEBサイト
QRコード→WEBページ
貼り紙
店外募集
ネット媒体
SNS求人投稿
アルバイトが集まらない、地獄の連続シフトに悩む日々(SNS)
面接設定の自動化
スキマバイトアプリの活用
管理
スタッフ教育
トレーニング動画
マニュアル作成
シフト管理
シフトのデータ化
給与計算業務
タイムカードアプリの活用
宣材管理
写真はどこに消えた、デザインばらばらでイメージ崩壊(Canva、ドライブ)

Google マップです。特にＳＮＳでは Instagram をおすすめしています。ＳＮＳを使うだけでＤＸ？　と思われるかもしれませんが、十分に役立ってくれます。

とにかくお伝えしたいのは、目的に対して適切なツールを選択できるのかが大事だということで、私がご提案しているのは、ＤＸと聞いてイメージされる大規模なものや、複雑なものとは違います。どんなに優秀なツールでも自分たちで使いこなせないと意味がありませんし、ＤＸの目的はデジタルの活用ではなく、デジタルを活用することで、飲食店の業務が楽になることです。楽になるために導入するのに、導入へのハードルが高く、おまけに手間が増えるようなら本末転倒です。

ＳＮＳなら、プライベートで利用されている人も多く、使いこなせるようになるまでのハードルが圧倒的に低いので、ＤＸ初心者、小規模飲食店も取り組みやすいのです。

新規のお客様を増やすことよりも、来店が2回目以上のお客様に3回、4回と足を運んでもらってリピーターになってもらうことのほうがハードルは低いです。お客様はすでに自分の店を知っていますし。日々新しい飲食店が増え続けているなかで、知ってもらうことが実は一番難しく、ましてや来店してもらうのは難しいのです。しかし一度来店していて「おすすめメニューがおいしかった」「店員さんの感じが良かった」「いいお店だった」と好印象が残っていれば、再来店の確立はぐっと高くなります。

来店するきっかけをつくることで売上を増やします。そのきっかけづくりに効果的なのがＬＩＮＥ公式への登録です。お客様にフォローしてもらって、クーポン券やお得な情報を提供し、自分の店のことを思い出してもらったり、また行きたくなる工夫をするのです。

客単価を上げる

売上を上げるには、お客様の来店回数を増やすことも重要ですが、1回の来店でどれだけの金額を利用してもらえるのか、客単価を上げることも重要です。

1回の来店で平均1０００円利用されているなら、1回の来店で1５００円使ってもらえるよう工夫をすることで、来店頻度が低い店でも売上を上げることができます。

例えばパン屋やコーヒーショップなどは毎日利用するお客様もいます。パン、コーヒーなど日常生活に密接してるものを扱っている店の来店頻度は高いので、低単価であっても継続的に来店してもらえばいいのです。

反対に高級なフレンチレストランや、コース料理が中心などメニューの平均単価が高い店、特別な日に訪れたい店などは、来店頻度が低いので、客単価を上げることが売上を上げることにつながります。

客単価を上げるにはＰＯＳデータの活用がおすすめです。ＰＯＳレジを導入している店は多いと思いますが、売上の集計など便利になった、在庫が確認できるようになったといった、基礎的な使い方で終わっているならもったいないです。

ＰＯＳレジで集めることができるデータを使って適切な原価計算を行い、客単価を上げられるかどうかを考えたり、客単価を上げることにつながるセットメニューを考えたりすることもできるのです。

販売チャネルを増やす

飲食店の販売チャネルは、イートインとテイクアウトが基本です。しかし新型コロナウイルス感染症がまん延したことで、デリバリーが一気に増えました。これまでデリバリーをやってこなかった店も、大手デリバリーサイトを活用するなどして、デリバリーを始めたり、ＥＣサイトで自宅でも食べられるお取り寄せを始めたという店も多いです。

イートイン、テイクアウト、デリバリー、ＥＣサイトなど、これら販売チャネルを増やすことで、売上を上げることにつながります。大手デリバリーサイトや、お持ち帰り専用の検索・予約サイトなどを活用することで、スタッフさんが少なくても代わりにデリバリーしてくれるなど、システムを利用することで対応できる販売チャネルは格段に広がります。

食品ロスをなくす

ひと昔前までは、ショーケースに商品がずらっと並んでいることが絶対に正しいと思われていました。売れ行きがよくて、ショーケースに並べたケーキが午後にはほとんど売れてしまった。それは店としては喜ばしいことですが、閉店までまだ時間があって、これから来店されるお客様が種類を選べるほど残っていなかったりすると、お客様に失礼だと考える人もいたと思います。

たくさんの種類の中から選んでいただきたい思いはありますが、閉店間際まで、ショーケースにケーキを並べておくことは食品ロスにつながるだけでなく、利益を下げることにもなるので、できるだけ避けるべきでしょう。

食品ロスを避けるためには、曜日ごと、時間帯ごと、種類ごとなどの売れ行きを見ながら、適切な数、量を判断する必要があります。長年の勘よりも、目先のデータです。POSレジから収集できるデータがとても役に立ちます。

攻めのＤＸ…顧客を把握する

顧客を把握するには、二つの対策が打てます。

- **顧客管理**
- **アンケート調査**

顧客管理

店にとっておすすめの商品と、お客様に好まれる商品が合致していれば、これ以上喜ばしいことはありませんが、思わぬ商品がバカ売れしたり、実は作業工程が面倒で原価も高いのであまり出てほしくないのに、こればかり出る商品があるなど、なかなか思うようにはいかないものです。けれど顧客管理を行って、顧客の動向を把握することで、ヒットを狙った商品の開発も夢ではありません。

お客様それぞれが何を求めて来店しているのかが違うので、お客様の属性や傾向などを分析して戦略に活かしたいところですが、分析などマーケティングは経験者でなければ難しい面もあります。かといってマーケティング担当を採用するわけにもいかないという場合は、ＰＯＳレジから得られる情報を活用したり、顧客管理ソフトを導入するなどして、できるところから分析していくことをおすすめします。

難しく考えなくても、ＰＯＳレジのデータなど活用できるものを使いこなすだけで、得られる情報は一気に増えますし、最初の一歩としておすすめです。何より人材を採用する必要はないので人件費も抑えられます。

アンケート調査

これはもう飲食店の定番中の定番ではないでしょうか。来店時にお渡しするアンケート用紙への記載やアンケートはがきの活用で、お客様のニーズを読み取るという作業は、これまでも延々と繰り返されてきたと思います。

集計、アンケート結果をExcelなどでデータ化、お客様の個人情報の管理、それからアンケートに答えていただいたお客様の中から抽選でプレゼントの配布など細かな作業の積み重ねで成立している業務の一つです。

このアンケート調査を、Googleフォームを使ったデジタルアンケートに変更することで、自動で集計も行ってくれますし、お客様に登録していただいたメールアドレスへ、クーポン券を送ることもできます。

守りのＤＸ…人件費率を下げる

人件費率を下げるには、主に四つの業務で改善に努めることができます。

・オーダー

・会計
・配膳
・発注

人件費率を下げる…オーダー

これはすでに導入されているところも多いと思いますが、お客様側に注文を入力してもらうモバイルオーダーや食券機での食券購入、スタッフさんの手書き伝票がなくなるハンディの導入などが該当します。

ひとり経営の飲食店などは、モバイルオーダーだと本当に助かりますね。また注文履歴がデータとして残るので、どの商品が売れているかなどの傾向が一目瞭然です。

人件費率を下げる…会計

お客様対応ということでいえば、オーダーと同じくらい時間がかかるのが会計だと思います。ランチタイムなど混雑している、加えて限られた休憩時間の間に会社に帰らなければいけないお客様にとって、会計で待たされるというのはイライラが募ることの一つだと思います。こちらも「お待ちください！」と何度も声かけするのも申し訳ないです。

食券機だと自動的に釣銭を返すことができるので便利です。セルフレジやキャッシュレスの導入は会計に割く時間の短縮になります。現代は電子マネーやｉｃカードなど支払い方法も多彩ですから、現金以外で使いやすいものを選ぶといいですね。

人件費率を下げる…配膳

ネコ型の配膳ロボットが話題です。特に敷地面積の広い店舗では、配膳ロボットが大活躍してくれるでしょう。

他にも定食の小鉢やみそ汁をお客様に取っていただいたり、水をセルフサービスにするといった、以前から行われていたような工夫も配膳における人件費率を下げることにつながります。ＤＸと聞くとデジタルしかないと思われるかもしれませんが、デジタル化しなくても、配膳における作業工程の見直しで、できることも増えます。

人件費率を下げる…発注

飲食店は食材ごとに発注先が違ったりして、仕事終わりの発注作業に時間を取られることもあります。加えてＦＡＸが主流でまだまだアナログな面が残っている業務といえるでしょう。ＦＡＸ機を置かなければいけないので場所も取るし、用紙も購入しなければいけません。けっこう面倒ですし、経費もかかります。そこでメールやＬＩＮＥ、ＦＡＸアプリを使って発注を行うと、発注の面倒さを軽減することができます。

在庫数が多いなら、在庫管理システムを導入して、自動発注できる体制を整えることもできます。

守りのＤＸ…スタッフ募集

例えばこれまで店先のアルバイト募集の張り紙でアルバイトさんを集めていたというならば、その張り紙にＱＲコードをつけるだけでも、応募率は上がります。ＱＲコードからホームページに飛ばしたり、連絡先などの情報を掲載したページに飛ばすなどすることでアルバイトさんが応募しやすくなります。

ＳＮＳを使った求人投稿も、無料かつ自分たちで取り組めるスタッフ募集の方法です。特に学生さんなど若い方はInstagramをチェックしていることが多いです。お気に入りの店のInstagramを見ていたら、アルバイトを募集していて応募につながるなどの好事例もたくさん聞いています。

また常にアルバイトさんを募集している店は、面接を設定するのも一苦労です。面接の希望日時を予約フォームで確認するなど、地味ですが確実に効率化できる業務はたくさんあります。

守りのＤＸ…管理

意外に時間のかかる管理業務もデジタル化で効率化を図ることができます。

例えばスタッフ教育のために、トレーニング動画を作成してその動画を見てもらうことで、マンツーマンでの指導時間を軽減することができます。人材育成は時間を要するものですが、効率化できるところはないかと考えることで、オーナーさんの負担は軽減されていくものです。

アルバイトさんのシフト管理を行ったり、給与計算業務を行うこともデジタル化しやすい業務です。これまで紙で出勤予定日を提出してもらって、Excel でシフト表を作成するなど、二重にも三重にも手間をかけていたとしたら、効果を実感しやすいでしょう。

ＳＮＳを活用して店の写真を掲載することも増えたと思います。いわゆる宣材写真の管理もGoogleドライブなどを活用して、すっきり整理することができます。

主なＤＸ推進ツール

Instagram

文章よりも写真がメインのＳＮＳなので、料理のシズル感を伝えたり、映え写真を掲載するのに便利です。いろいろなＳＮＳがありますが、飲食店と相性がいいのはInstagramでしょう。

来店したお客様が自身のInstagramで、来店した時に撮影した写真を紹介してくれて、店としては無料で広告を打つような効果が期待できます。またＤＭ機能を使うことで、お客様とコミュニケーションを取るのにも便利です。

【こんな時に利用する】

- 新規のお客様を獲得したい
- 広報担当者や営業担当者がいないので、広報活動したくてもできない
- ひとり経営なので、営業中は忙しくて、注文の電話に出られない

Google マップ

例えば自宅の近くで飲食店を探す時、インターネットで「渋谷　カレー」などと打ち込んで探すよりも、Google マップを見ながら、地図上で行きたい店を探す人が圧倒的に増えています。地図上で探せば、その店までのルートも簡単に分かるし、来店した人のコメントも一度に全部チェックできます。営業時間から定休日、メニューも見ることができます。

口コミを見て、店の位置をマップで確認してと、店を調べるために、あちこちのサイトを確認する必要はなく、Google マップだけで完結できる点が魅力です。

ということは、インターネット上で確認できる店のホームページよりも、Google マップに正確な情報が落ちていることが非常に大切になってきます。

【こんな時に利用する】

- **新規のお客様を獲得したい**
- **注文など、電話以外を使って効率的にお客様とのコミュニケーションを取る必要がある**
- **写真を使って自分の店のＰＲをしたい**

ＬＩＮＥ公式アカウント

デジタル上の会員カードのようなイメージで使えます。

例えばＬＩＮＥ公式アカウントの登録者限定のクーポン券を発行したり、お得な情報やキャンペーンの情報を流したり、新メニューの告知などにも使えます。

【こんな時に利用する】

・リピーターを増やす
・自分の店のファンになってもらう
・クーポン券の配布など、来店頻度を上げるためのきっかけづくり

Googleフォーム

アンケート収集やお客様情報の登録に使えるのが、Googleフォームです。一度使い方を覚えてしまうと、さまざまなパターンで使いこなせるようになります。アレンジしていろいろな情報収集に使ってみるといいでしょう。

紙で行っていた際に使用していたアンケート用紙が必要なくなります。アンケート用紙を保存するための場所の確保も必要なくなります。データも簡単に集計できます。しかも無料で利用できます。

【こんな時に利用する】

・アンケートを取りたい時→ユーザー調査

・お客様情報を収集し、データ化する

Google ドライブ

スタッフ間で共有する必要のあるデータを Google ドライブに保存しておけば、いつでも、誰でも引き出して使うことができます。「店長、あの写真はどこにありますか」と聞かれて、写真を探してスタッフさんに渡すという手間がなくなります。マニュアルやトレーニング動画なども、Google ドライブで共有するといいですね。

【こんな時に利用する】

・データをスタッフ間で共有する

・写真などＳＮＳの更新に必須のデータを管理する

ＰＯＳデータ

レジをＰＯＳレジにすることで、そこから販売個数や在庫管理、お客様の属性などのデータを抽出することができます。このデータを活用して顧客管理の効率化や新商品の開発に役立てることができます。

【こんな時に利用する】

・在庫管理で食品ロスを軽減する
・お客様の属性などを知る

ＦＡＸアプリ

飲食店の場合、ＦＡＸは送る側であることが多く、受ける側になることはほとんどありません。ただ送るためだけにＦＡＸ機を購入し、狭い店に置き続ける理由はありません。思い切って古い商習慣と、ＦＡＸ機、用紙を捨ててしまいましょう。

ＦＡＸアプリは、注文品をダイレクトに打ち込んだり、手書きした用紙を撮影した画像をそのままアプリを介して送ることができる優れものです。利用費も安価で使いやすいです。

【こんな時に利用する】

- **狭い店内でＦＡＸ機が邪魔になる**
- **ＦＡＸは注文を出す時にしか使っていない**
- **過去の注文用紙がかさばって、整理できず困っている**

Canva

店のロゴやホームページ、ショップカードなどの広報ツールや、メニューなどデザイン性が問われるものは、外部に依頼して作成してきたという店も多いと思います。

プロに依頼すれば仕上がりは素晴らしいものができますが、制作費がかさみます。メニューがどんどん変わる店、ホームページに常に新しい情報を掲載したい店などは、経費が気になってしまっていたのではないでしょうか。

Canvaのようなオンラインデザインツールを使うと、デザインの勉強をしていなくても、デザインソフトを使ったことがなくても、誰でも気軽にデザイン物を作成することができます。誰でも気軽に使えるわけがない、と思われるかもしれませんが、これが本当に使いやすいのです。いろいろとデザインするのが楽しくなります。

【こんな時に利用する】

- **メニューなどの作成にかかる経費を抑えたい**
- **デザインセンスに自信がないけれど、広報ツールを自作しなければいけない**
- **お願いした制作会社とうまくコミュニケーションが取れず困ってる**

【DXで課題解決!!】

〝スタッフ不足の危機を乗り越え皆のモチベもUP〟

京浜東北線北浦和駅から徒歩すぐの場所にある小島飯店は、1964年創業の老舗中華店です。この歴史を支えているのは、常連さんを中心に長く愛され続けてきた小島飯店の味にあります。店主の小島太一さんは「親父の味は一生かかっても越えられない。できる限り残していきたい」と話します。ラーメンはもちろんですが、チャーハン、マーボー丼、天津飯、レバニラ炒めと、いわゆる町中華の王道といえるメニューの９割は味をそのまま受け継いでいます。

小島さんはお母様におんぶされたまま子どもの頃から店に出ていましたが、店の方針でお父様と意見が合わず、店を継ぐ予定はなかったそうです。しかしお父様が体調を崩し、自分しか店を継ぐ者がいないと決意しました。

私にコンサルティング依頼が来ることになったのは、現在の店舗が入るビルの建て替え話が出たからです。オーナーさんには、ビルを再建後もこの場所で店を続けてほしいと言われた小島さんは、その時が来るまでに資金を準備しておきたいと考えました。そこで知り合いから私を紹介され、売上ＵＰの相談しようとした矢先にお父様の代から働いていた従業員さんが急逝します。途端に店が回らなくなりました。資金を貯めるつもりが、人手が足りない状況でいかに店を存続させていくかのほうが待ったなしの課題となってしまい、人手不足をＰＯＳレジなどの活用で補おうと提案させていただきました。

「正直に言うと、コンサルタントに対する良い印象がなかったです。それから宮本さんの思い描くデジタル化による世界観が、アナログな僕にはどうしても近い世界には思えなくて、何度も深く話し合って、何を目指していくのかをすり合わせていきました。今はもう自分からこうしたいけれど、どうすればいいだろうとか気軽に相談しています。ほかの店がどのようなやり方をしているのかなど、僕の知らないことを宮本さんは知っています。たくさんのことを教えてもらって、その中からうちの店に合うものを相談しながら選んでいけばいい。宮本さんに教えてもらうことを全部店に反映する必要はなくて、取捨選択は僕がやればいいと思っています」（小島さん）

これまでもレジはＰＯＳレジでしたが、注文数や客数などのデータはレシートで出てくるものだったので、データをクラウド上に保存できる最新のものに変更しました。また注文も、今まではカーボン式の注文書に手書きしていて、追加の注文が入るとメニューの裏紙に書いていたため、「会計する時にとても時間がかかった」と言います。

ランチタイムなど忙しいときは次々と注文が入ってきて、料理を提供する順番を間違う時もありましたが、注文書をハンディに変更したところ、注文から提供までの流れがスムーズになりました。ハンディに注文を打ち込んだ順に注文票が出てくるので、注文の受けた順にスムーズに料理を提供できるようになりました。ＰＯＳレジとハンディを取り入れただけで、これまで４人で回していた

ところ、3人で回せるようになりました。

POSレジではリアルタイムに売上金額を確認することができますが、毎日設定している目標売上額を達成したと確認できたら、パートさんやアルバイトさんにそれを伝え、感謝の気持ちを伝えたりしているそうです。菓子などささやかなプレゼントをすることもあるのだとか。「些細なことですが、パートさんたちのモチベーションにつながるといいなと思っています。他の店にはない特徴を小島飯店に感じてもらえないと、パートさんたちにも長く働いてもらえないので」と小島さん。

お客様にとって居心地のいい店であることも大事だけれども、働く人にとっても居心地のいい店にするために、データやツールをどう活用したらいいのかを考えながら「自分たちのペースでデジタル化を進めたい」と語りました。

小島飯店
さいたま市浦和区北浦和3―8―11

LINE友達追加で、
あなたのお店のやるべき事が
一目で分かるDXマップ&
利益が増えるメニュー作りガイドを
プレゼント!
飲食店のための
利益が増える
やさしい
メニューの作り方ガイド
宮本ヒロシ
今すぐ
お金をかけずにできる
LINE
飲食店DXコンサルタント宮本ヒロシの
LINE 公式アカウント

第4章

私が飲食店の経営者からの依頼が多いコンサルタントになった理由

ここまで事例とともに、個人店でもできる取り組みを紹介してきましたが、どうでしたか。これならできそう！　と思えたことはありましたか。

私は普段、飲食店コンサルタントとして活動していますが、特にご相談が多いのが、本書で登場するような1～3店舗程度の小規模で地域に根差した飲食店です。別の業種でもご依頼はありますが、圧倒的に飲食店が多いのは、私が飲食店を経営していた経験があるからです。

みなさんも何か困ったことがあって、誰に相談しようかと悩んだ時に、経験者に相談したほうが気持ちを分かってもらえる、状況を理解してもらえると思うはずです。それが飲食店からの相談が多い理由の一つだと思いますし、私も自分のこれまでのことを思い出して共感してしまうことも多々あるので、困りごとが少しでも解決するように全力でお手伝いしようと思うのです。

ということで少し私の話をさせてください。

初めてのアルバイトは地元のイタリアン

初めてアルバイトしたのが17歳の時、自宅の近所にあったイタリアンレストランでした。

この段階では飲食店でアルバイトしたいとも思っておらず、アルバイトでお金が稼げたらいいなという程度の軽いノリでした。

今の学生さんたちがアルバイトを探すなら、SNSなどをチェックして店の雰囲気をある程度知ってから行くはずです。ただ私にとっては店の雰囲気とか、どんな仕事をするのかとか、あまり気にしておらず、偶然に「アルバイト募集」の張り紙が目にとまり、自宅に近いなら通いやすいと応募したのが、飲食業のイロハを教わることになるイタリアンレストランでした。「じゃあ明日から来てくれる」と言われて、応募した次の日から働き始めたのです。

そのイタリアンレストランは、当時3店舗ほど展開していて、私が働いていた店舗は40席程度の広さでした。これぞイタリアンレストランという感じの赤と白のギンガムチェックのテーブルクロスがかかったテーブルは、昼夜問わず食事を楽しむお客様でいっぱいでした。ディナータイムでも客単価は2000円前後でしたから、気軽に利用できる店だったのでしょう。人気メニューはパスタで地元では有名店でした。

オーナーは当時で40代前半くらいの年齢で、私に飲食店の仕事の基本を教えてくれた人ですが、本当にセンスのいい人でした。

私は飲食店のDX化だけでなく、店のコンセプトを決めたり、メニューの開発などもしています。コンサルタントとして店づくりに関わっている今の私から見ても、オーナーは店づくりという点ではすばらしい才覚をお持ちでした。

シェフが料理に使う食材にこだわるのは、当たり前といえば当たり前のことだと思います。けれどオーナーはどんなお皿を使うのかなど、店内のあらゆることに強いこだわりをもっていました。それが店のコンセプトにしっかりと結びついているから、お客様にもそのコンセプトが伝わるのだと思います。

久しぶりに訪れてみた店が、今までとは雰囲気が変わってしまって、魅力を感じなくなっていたことはありませんか。「以前はよかったのに、最近は行きたくなくなった」と感じる時は、店のコンセプトが変わってしまったことが原因といえるでしょう。

変化のきっかけは、集客に苦しんでいるので何か新しいことをしようと思った、オーナーが変わったなどいろいろあるものの、私たちは料理のおいしさ、居心地の良さ、店員の対応、店の雰囲気など、総合的な判断で店を選んでいますから、言葉にするのは難しくても、変わってしまったということを何となく肌で感じるものです。

私の地元は長野県で、地元に帰った時にはこのイタリアンレストランに立ち寄ることがあります。今も昔も店の雰囲気は変わりません。それはコンセプトがしっかりしているからなのです。

アルバイトが楽しくて仕方ない

アルバイト1年生の私は、まずはホールの仕事から覚えていきましたが、とにかく楽しくて楽しくて仕方なかったです。

オーナーは仕事を愛していて、オーナー自身も楽しみながら働いていることが伝わってきました。お客様に楽しんでいただきたいという思いが強く、今でいう「映え」を意識したメニューも少なくなく、運んでいくとお客様に「すごい！」と喜んでいただくことが多かったです。

スタッフもお客様に喜んでもらおうという気持ちが強くありました。お客様に喜んでいただくといっても、店内でパフォーマンスをするとか、そういうことではないのですが、とにかくお客様との会話は多かったです。10代の私は孫のように思ってもらえたのか、年配のお客様から本当にかわいがってもらいました。私もつたないですが、なるべくお客様と会話することに努めました。

そんな感じで、店で働いている人たちがみんな楽しんでいるから、店は明るくて楽しい雰囲気に包まれていました。私はアルバイトにどんどんのめり込んでいきました。

18歳の店長が誕生

アルバイトを始めて半年程度で社員にならないかと声をかけてもらいました。その頃にはホールだけでなく厨房の仕事も覚えて、料理をつくることに夢中になっていました。それからさらに半年ほど経過した18歳の時に、店長として1店舗任せてもらえることになったのです。

オーナーは社員だから、アルバイトだからといった区別はなく、仕事ではたくさんチャンスをくれましたし、私の意見もしっかりと聞いてくれました。何か提案すると「じゃあやってみよう」と言っていただて、励みになりました。

私もオーナーのお客様を喜ばせたいという気持ちに強く共感していたので、店長になってからは、お客様に喜んでいただくにはどうすればいいのかを考えながら、日々店に立っていました。

まだ10代の若造が店長に抜擢されたのですから、相当生意気だったと思います。意気揚々とはまさに当時の自分のためにある言葉でした。

けれどオーナーとは親子ほど年齢が離れているし、長く働いている社員さんもみなさん年上でした。私のことを生意気だと思ったこともあるかもしれませんが、若者を応援する気持ちがあったのだと思います。とても協力的で、嫌がらせを受けることもなく、良い環境で働くことができました。

逆にアルバイトスタッフとのコミュニケーションのほうが何倍も苦労しました。

アルバイトスタッフは大学生が多く私とは年齢も近いのですが、年齢が近いからといってわかり合えるのかといえばそうではありません。反対に年齢が近いほど反発心が芽生えるのか言うことを聞いてくれません。料理や接客は学んできたけれど、マネジメントについては経験も知識もなかったので、どう対応したらいいのかが本当に分からなくて、ビジネス書などを読みあさりました。

ビジネス書から学びを得て、私はアルバイトスタッフに「やってもらう」ではなく「やらせる」という意識が強かったことに気付けました。私自身がまだ子どもだったので、自分で想像できる範囲でしか物事を捉えられていなかったのでしょう。仕事の人間関係をクラブ活動の先輩後輩に似たもののように捉えていたから、上から目線、従わせるという意識があって反発されたのだと思います。

このイタリアンレストランで働き始めたことは、私にとって大きな転機になりました。

私は3人兄弟の末っ子で、中学生の時に両親が離婚しています。兄と私が父につき、姉は母についたのですが、父との生活が始まると父は家事が得意ではないことが分かってきました。昔から得意ではなかったけれど、母が何でもしてくれていたから気付かなかったのです。愛されていなかったわけではありあせんが、仕事にも忙しい父に構ってもらえなかったという記憶があります。寂しかったのかもしれませんね。自分を見てほしい、認めてほしいという気持ちは人一倍でした。

けれど働いていると、ちょっとしたことで感謝されます。料理を作れば「おいしい」「ありがとう」と声をかけてもらえるし、お客様に喜んでもらえる。自分が認められたような気がして、仕事は本当に楽しかったです。

21歳で退職。違う世界を見てみたい

新米店長も板についてきた21歳の時に、私はイタリアンレストランを退職することにしました。もっと外の世界を見てみたくなり、飲食店以外の仕事をしてみたくなったのです。

たまたま読んでいた雑誌に後の師匠となる大久保一彦さんが登場していました。飲食店専門のコンサルタントである大久保さんが、レストランのことを語っています。「これだ！」と思いました。自分は若くして店を背負うという特別な経験をしたから、コンサルタントでもやっていけるだろうと過信していました。

コンサルタントになるための第一歩として、まずはフードコーディネーターの資格を取得しようと勉強を始めました。

その当時、大久保さんは長野県内の専門学校で講義をもっていて、週1回のペースで長野県に通ってきていました。そのタイミングでセミナーを開催してもらえないかと私がお願いをして、飲食店の経営者に声をかけて人数を集め、セミナーを開催することができました。

それがきっかけとなって、大久保さんから「ここまで身軽に動ける宮本君はおもしろい人だ」と言われ、事務所で働かないかと声をかけてもらいました。セミナーは大して人数が集まらなかったのですが、自分で企画してセミナーを開催する行動力を見ていただけたようです。こんなラッキーな話はのるしかないと思い、時給700円で大久保さんのカバン持ちとして働くことにしました。

まさかこんな展開になるとは想像すらしていなかったので、私だけでなく私の奥さんも驚きました。最初は東京に出て失敗したらどうするのかと不安をもらしていましたが、1年間だけやってみてダメなら長野に帰ろうと話し合い、北浦和にあった小さなワンルームのマンションの家賃を1年分前払いして、上京しました。

大久保さんのところでは、大久保さんがコンサルティングを行っている飲食店との会議などに同行して議事録をつくったり、事務所で食べる昼ご飯をつくったり、何でもやりました。大久保さんは何も隠さず仕事のすべてを見せてくださいました。

大久保さんは本質的なことをしっかり見抜いていて、ブレることがないんです。クライアントの本音と建て前のような部分も、全部見抜いていて、会議の場で「何でこんなことを言うのかな?」「クライアントの質問に即した答えには感じない」と思うこともありました。それでも後になって「大久保さんは、この部分を見抜いていたから、あえて会議の場で言っていたんだ」と合致することが出てくるんです。

大久保さんはコンサルティングする店で見たこと、聞いたこと以外のところからも答えをもってくることができる。それは本質を握っているからです。クライアントさんの頼みでも、ダメなことはダメだと断っていました。私などは気を使ってはっきり言い切れないところがあるので、今でもすごいなと思います。

大久保さんのところでコンサルタントとして必要な知識を学んで、クライアントももつことができるようになりました。するとこれまで学んだことを試してみたい、次のステップに進みたいという気持ちがわいてきました。そのタイミングで知り合いの不動産会社から埼玉県上尾市に貸したい土地があると相談を受けました。それなら自分でやってみようと考え、カフェを経営することにしました。

大久保さんは事務所を辞めなくてもいいんじゃないかと言ってくださいましたが、大久保さんの事務所の仕事がおろそかになるとも考えて、退職することにしました。

自分の店と他人の店では全然違う

飲食店は立地が重要だと言われます。しかし上尾市で開いたカフェは、それほど立地がいいわけでもありませんでした。

しかし私は間違いなく成功すると思っていました。「カフェなんてちょろい」とまで思っていました。大久保さんのところで経験を積んできたし、以前はイタリアンレストランの店長を務めていたので、レストランよりカフェのほうが楽だとすら思っていました。

そうして2007年にカフェをオープンしましたが、これが予想に反してまったく繁盛しませんでした。

その最大の理由は、自分なら大丈夫という過信だと思います。今まで私が見てきた飲食店の中でも繁盛している店のいいとこ取りをして、流行しそうな要素を盛り込みました。他の店でウケているなら、自分の店でもウケるはず。結果的に何がコンセプトなのかよく分からないバランスの悪い店が誕生しました。

いろいろな要素を盛り込んだことで一本筋の通った店にならなかったのです。イタリアンレストランのオーナーから、あれだけコンセプトの重要性を学んだはずだったのに、自分の店となると何も見えていなかった。本当に経営者としては甘々でした。

2年目からは店づくりを見直しました。

なぜ右肩上がりにすることができたのかといえば、私の思考をアップデートしたからとしか言いようがありません。結局、その店の指揮をとるのはオーナーや店長です。トップが何を考えているのかによって店は良くも悪くも大きく変わります。個人店ならなおのことです。

紆余曲折しましたが、持ち直した私の店のコンセプトは「売りがない」です。

カフェにはいろいろなお客様が来ます。商談で来る人もいれば、ぼーっとしに来る人、新聞を読むついでにお茶をしに来る人もいます。さまざまな利用シーンに合わせて使いやすければいいのであって、店はこういうコンセプトだからこのコンセプトに合う人だけ来てね、といった制限を設ける必要はない。ということで四つの時間帯に分けてメニュー構成や空間演出を変えて営業しました。


今の店はパンケーキがおいしいとか何かしら尖った個性のあるカフェが注目されていますが、尖った個性のあるものは、一時的な集客で終わりやすくなるのは否めません。業界的にも流行のサイクルをどんどん早めていく方向になってしまっているので、失速もしやすい。そうなると今までは開店から2~3年で投資回収すれば良いと考えられていたのに、そこまで店がもたないという状況が生まれています。とても残念なことですが、3年も流行し続けるようなものがあるなら、ロングランといえるでしょう。

良いなと感じられる点が複数散りばめられてるほうが長持ちする店になります。例えば今日は店員さんに癒されたいとか、今日は静かに空間に浸りたいとか、今日は人気商品のパンケーキを食べたいとか、多面的に楽しめることが大事だと考えるようになってから、本当に皆さんに愛される店になりました。コーヒーに合うものを、と考えたバウムクーヘンが人気となり、埼玉県のふるさと納税の返礼品にもなりました。

カフェを売却したその後に待っていたこと

その後、私はカフェを売却することになります。

人間ドックの結果を聞きに行ったら、紹介状を書くのでそのまま大病院に直行してくれと言われて、荷物を取りに行くことさえも許されずに、そのまま入院になったのです。最近息切れしやすくなったな、程度の変化はあったのですが、まさかそんな大病を患っているとは思っていなくて、私が一番驚きました。2015年のことです。

結局10日ほど入院しましたが、電話とパソコンの連絡で遠隔操作して、店のスタッフさんたちに頑張ってもらったおかげで何とか乗り切れたのですが、各店舗の店長とスタッフさんの関係性もできていたので、私がいなくても店が回ることに気づいたんです。それでもう私がいなくても大丈夫だと思い、今後の自分の体調がどうなるのか分からなかったこともあり、店を売却することにしました。

あれから数年経ちましたが、私は元気です。カフェを売却してから、コンサルタントとして活動を開始して今に至ります。カフェでの経験も、悩める飲食店のみなさんのお役に立つと思い、コンサルティングに励むことになるのですが、実は売却した会社がコロナ禍で売上が激減し、その会社の社長が夜逃げするという大事件が起こりました。売却した時には、まさかこんなことになるとは想像もしていませんでしたから、人生とは何が起こるかわかりません。

ちなみに売却したのだから、売却先の社長が夜逃げしたって宮本さんには関係ないだろうと思われるかもしれませんが、それが関係ない、では終わらなかったのです。

売却を行う際に、例えば銀行からの借り入れや、厨房機器のリース契約など、あらゆる契約書の代表者を私からその会社の社長に交代させるという作業が発生します。その交代の手続きは向こうの会社の社員が担当してくださって、私には契約更新が全部終わったと連絡が入っていたのです。

しかし銀行からバンバン連絡が入ってきて、なぜだろう、おかしいなと。私にはもう関係ないはずなのにと思っていたら、連帯保証人の名義のところに私の名前が残っていると言われたんです。もうびっくりですよね。それで結局負債の一部を私が支払うことになりました。

ですから会社を譲渡するとか、M&Aなどを行う際に、書類は最後の最後までしっかり確認するようにと、私がコンサルタントを担当する方には何度もお伝えしています。高い社会勉強になりましたが、これも私からみなさんにお伝えすることができる経験談の一つです。

私がコンサルタントを担当させていただく店のオーナーさんには、私が経験してきたことを全部お伝えしています。私が先にたくさん経験して、たくさん失敗しています。

ですので、みなさんが困り事にぶつかった時、チャンスを前に迷った時、この本の中に記した私の話が道標としてお役に立つことを願っています。

【著者紹介】

宮本ヒロシ

合同会社 I.C.G 代表
さいたま市産業創造財団 飲食店 DX コーディネーター

16 歳から飲食業に関わり、24 歳でカフェを立ち上げ、10 年間で 10 店舗に拡大。
自社経営の傍ら、数多くのショップブランドをプロデュース。
2017 年に全ての店舗を売却し、その後飲食店専門コンサルタントとして、“小さな飲食店の DX 化をお手伝い”をモットーに、クライアントの強みを活かした仕組み作り、組織作り、DX 化の支援を行っている。

2024年1月30日　第1刷発行

モヤモヤ業務がスッキリする
小さなお店のDX導入＆お店創りストーリー

発行者　脇坂康弘

〒113-0033　東京都文京区本郷2-29-1
TEL. 03(3813)3966
FAX. 03(3818)2774
URL　https://www.doyukan.co.jp/

発行所　株式会社同友館

乱丁・落丁はお取替えいたします。

三美印刷／松村製本所

ISBN 978-4-496-05961-8

Printed in Japan